西摄影旅游指南

人气最旺的一〇条精品旅游线

山色水景最迷人

多彩的民族节日

吃喝玩乐交通全资讯

吃 喝 玩 乐

交通全资讯

周一渤 著

中国旅游出版社

广西摄影旅游景点分布示意图

（此图不作为划界标准）

白裤瑶风情区

大石围天坑　●南丹

●乐业

下枧河及刘三姐故里

盘阳河

甲篆长寿村

●巴马

百色市　●

百色起义纪念公园

粤东会馆

那坡黑衣壮　　　　　　　伊岭岩

靖西旧街、鹅泉　　　　　龙虎山

通灵大峡谷

德天瀑布　●大新　　扬美古镇

明仕田园

●崇左市

花山崖壁画

●宁明　十万大山森林公园

凭祥友谊关

防城港市●

北仑河红树林

东兴口岸

京族三岛

八角寨
资源
马胖鼓楼
程阳风雨桥
龙胜 猫儿山
三江侗族风情区
龙脊梯田 兴安水街灵渠
元宝山
江头洲古村
桂林市 大圩古镇
融水苗寨风情区
秀水状元村
兴坪
恭城古建筑群
阳朔风景区 富川
贺州市
宜州 柳州市
鱼峰山 贺街 浮山
忻州莫氏土司衙署 金秀瑶族自治县 黄姚古镇
圣堂山
梧州市
来宾市 骑楼城
太平天国金 龙母庙
田起义旧址 鸳鸯江
大明山 桂平西山
昆仑关 贵港市 杨贵妃故里
南宁市 真武阁与经略台
都峤山
青秀山风景区 玉林市
陆川
谢鲁山庄
钦州市
七十二泾 北海市
三娘湾 北海银滩
骑楼老街
侨港
涠洲岛

广西精品摄影旅游线路

 一、桂林山水风光精华游

A 线：桂林市—阳朔县—荔浦县—兴安县—资源县—龙胜各族自治县六日游
B 线：桂林市—阳朔县—荔浦县—昭平县—钟山县—贺州市六日游

二、环北部湾滨海休闲度假游

A 线：北海市—防城港市—东兴市—钦州市—南宁市五日游
B 线：北海市—越南下龙湾景区—越南河内市—越南海防市五日游

三、大新德天跨国瀑布边关游

南宁市—崇左市—宁明县—凭祥市—龙州市—大新县—靖西县—那坡县六日游

四、桂西北少数民族及刘三姐风情游

桂林市—阳朔县—柳州市—河池市—宜州市—来宾市—忻城县五日游

五、桂西长寿村、天坑群、白裤瑶探秘游

A 线：南宁市—平果县—百色市—凌云县—乐业县四日游
B 线：南宁市—平果县—百色市—凌云县—乐业县—天峨县—南丹县—
大化瑶族自治县—南宁市六日游

六、桂东宗教历史文化游

南宁市—贵港市—桂平市—武宣县—蒙山县—梧州市—容县—玉林市六日游

七、桂西南红色游

A 线：南宁市—龙州市—大新县—靖西县—田东县—百色市五日游
B 线：南宁市—百色市—巴马瑶族自治县—东兰县—河池市—大化瑶族自治县
五日游

4

陈天石 摄影

 八、壮、瑶、苗、侗、仫佬族风情游

南宁市—金秀瑶族自治县—柳州市—宜州市—罗城仫佬族自治县—
融水苗族自治县—三江侗族自治县—龙胜各族自治县—桂林市七日游

 九、桂东北古商城、古村镇访古游

肇庆市—梧州市—贺州市—昭平县—阳朔县—桂林市六日游

十、中越边境游

A 线：南宁市—凭祥市—越南谅山市—凭祥市—南宁市四日游
B 线：南宁（北海）市—东兴市—越南芒街市—越南下龙湾景区—东兴市五日游
C 线：北海市—越南下龙湾景区—北海市—南宁市三日游
D 线：南宁（北海）市—防城港市—越南下龙湾景区—防城港市三日游

耿旭 摄影

韦星阳 摄影

耿旭 摄影

目录 CONTENTS

G 广西摄影旅游概况

UANG XI SHE YING LV YOU GAI KUANG

对于摄影旅游者来说，你既是一个摄影师，又是一个旅游者，双重身份的定位，让你在流连忘返的旅游目的地付出双倍的努力和艰辛，也会让你得到双倍的成果和享受。然而，凡事预则立，不预则废是大家都明白的道理，该如何成就付出双倍的努力和艰辛，就收获双倍的成果与享受呢？那就看看这本书吧！摄影是一种生活，也是一种运动，更是一种人和社会接触、交往的综合考察！你，准备好了吗？那就从具体了解广西的摄影旅游资源开始吧！

广西，全称广西壮族自治区，简称"桂"。首府南宁是广西政治、经济、教育、工业等发展的中心，素有"绿城"之称。

广西是个山川俊秀、物产丰饶的好地方。它地处祖国西南边陲，总面积22.19万平方公里，约占全国陆地面积的2.5%。分设为14个地级市，7个县级市，56个县，12个民族自治县，世居着壮、汉、苗等12个民族，总人口为5140多万。是中国5个少数民族自治区中唯一的沿海省区，它东与广东省毗邻，北面与湖南省、贵州省相接，西与云南省交界，南临北部湾，与海南省隔海相望，其地理位

何福章 摄影

置极具沿江、沿海、沿边三大优越性。

广西旅游资源非常丰富，是摄影旅游者得天独厚而不可多得的拍摄地区。据统计，全区有已经开发或可供开发的景区景点 400 多处，分布于 8 个地区、63 个县。

自然景观

1 峰林景观

广西的峰林是发育完美的热带岩溶地貌的典型代表。它们平地拔起，气势超群，造型奇特。形态最典型、风景最秀美的是桂林、阳朔一带的石灰岩峰林，曾被明代旅行家徐霞客誉为"碧莲玉笋世界"。此外，在桂东北、桂中、桂东南、桂西等地也随处可见石灰岩峰林。

2 岩溶洞穴

广西洞穴众多且景观优美，素有"无山不洞，无洞不奇"之称。据统计，广西溶洞约有 10 万个。在瑰丽多姿的溶洞里，石钟乳、石笋、石幔、石柱、石花、石莲、石林等琳琅满目，美不胜收。比较著名的有旱洞型的桂林的芦笛岩、七星岩，柳州的都乐岩，武鸣的伊岭岩，玉林的龙泉洞等；有水洞型的桂林冠岩、荔浦丰鱼岩、灌阳龙宫、钟山碧水岩、马山金伦洞等以及考古陈列型的桂林甑皮岩（中国有代表性的新石器时代古人类洞穴遗址）和龙隐岩（存有唐代至清代摩崖石刻200多件）、柳州白莲洞（中国史前人类文化的重要遗址）等。

3 山地景观

广西海拔高于 1500 米的山峰有数十座，大多山体雄伟，气势磅礴，林木葱郁，景色优美，动植物资源丰富，适于科学考察、远足攀登，如猫儿山、大瑶山、大明山、元宝山等。

4 河湖水景

广西河流众多，清澈娟秀，在地域上多与奇峰相配，形成一派山环水绕、山水相依的秀丽景色。除举世闻名的漓江外，景色优美的还有融水的贝江、资源的资江、宜山的下枧河、大新的黑水河、崇左的左江、宁明的明江等。湖泊风景多以较大的湖泊或水面为主景，湖岸的山丘、原野和农家村舍、田园风光或城市风貌等为衬景而组成。如桂林的榕湖、杉湖，南宁的南湖，柳州的龙潭，贵港的东湖，陆川的龙珠湖等。此外，广西还有不少水质优良、水面宽阔、群山环抱、湖光山色十分秀美的水库，如灵川青狮潭、百色澄碧湖、富川龟石、邕宁大王滩、合浦洪湖江、玉林寒山等水库。

5 瀑布景观

位于中越交界的归春河上游的德天瀑布闻名遐迩，其瀑面宽 100 多米，高约 80 米，呈三叠状飞泻而下，水声轰鸣，势若奔马，非常壮观。其他著名的瀑布还有资源的宝鼎瀑布、隆林的冷水瀑布、靖西的三送岭瀑布、龙州的响水瀑布、上思的应天府瀑布等。

6 泉流景观

在八桂大地上，泉流众多，分布广。冷、热、温、沸四泉均有，其中分布最广的是温泉。比较著名的有龙胜温泉、陆川温泉、象州温泉、全州炎井温泉、平乐仙家温泉。这些温泉流量大，水温适宜，含多种有益人体的矿物质，四周风景宜人，是度假、疗养、休闲的好去处。

陈天石 摄影

7 滨海景观

广西的海岸线长达 1595 公里，岛屿众多，海水清澈，沙滩洁净平缓，滨海风光十分诱人。其中最著名的有北海银滩，10 公里长滩，沙白滩缓，风轻浪细，阳光明媚，是国际、国内游客向往的"3S"（海水 sea、阳光 sun、沙滩 sand）旅游热点；还有有"大、小蓬莱"之称的涠洲、斜阳岛屿风光，两岛均有古火山遗址；北海还有有观涛日出胜地之称的冠头岭。钦州的龙门七十二泾，以 72 条水道环绕 100 多个岛屿，泛舟其间，犹如进入水上宫殿，别具一格，引人入胜。此外，还有江山月亮湾和大平坡、东兴、万尾金滩等。

人文景观

8 文物古迹和革命纪念地

广西历史悠久，古人类、古建筑、古文化遗址、古水利工程、石刻、墓葬等古文物及革命斗争纪念遗址众多。经国务院和自治区政府颁发的重点文物保护单位就有 140 余处。比较著名的有年代久远的柳州白莲洞、桂林的甑皮岩、南宁豹子头等古人类遗址，兴安灵渠等古水利工程，宁明花山崖壁画，著名的古建筑有桂林王城、容县真武阁、柳州柳侯祠、兴安严关、恭城的文庙、合浦的大士阁等。近现代的一些革命活动纪念地，如太平天国的发祥地——桂平金田村、百色红七军军部、龙州红八军军部旧址、抗战时期的八路军驻桂林办事处等都具有考察、参观和瞻仰的价值。

耿旭 摄影

9 民族风情

广西是以壮族为主体的多种少数民族聚居的少数民族自治区，他们各自的语言、服饰、建筑物、生活习惯、风土人情、喜庆节日、民间艺术、工艺特产、烹调技术等，构成了多姿多彩的民族风情，为民族风情观光旅游提供了良好的条

韦星阳 摄影

韦星阳 摄影

魏怀宁 摄影

陈天石 摄影

件。如壮族的"三月三"歌节、瑶族的达努节和盘王节、苗族的"踩花山"、仫佬族的走坡节、侗族的花炮节，以及别有风味的打油茶等，都充满着浓郁的民族风情，吸引着人们去观光。

风景名胜区

目前，广西有一处世界地质公园：乐业—凤山世界地质公园。3处国家级风景名胜区，即漓江风景名胜区、桂平西山风景名胜区、宁明花山风景名胜区。还拥有隆安龙虎山风景名胜区、贵港南山—东湖风景名胜区、百色澄碧湖风景名胜区、陆川谢鲁山庄风景名胜区、三江的林溪—八江风景名胜区、鹿寨的香桥岩风景名胜区、北流的勾漏洞风景名胜区、容县的都峤山—真武阁风景名胜区等29处自治区级风景名胜区。有7处国家级历史文物保护单位，即桂平的太平天国金田起义旧址、容县经略台真武阁、三江的程阳风雨桥、合浦县的大士阁、宁明的花山崖壁画、兴安县的灵渠、中国工农红军红七军司令部及红八军司令部右江革命军事委员会旧址。另有220处自治区级历史文物保护单位，有12个国家级森林公园，即北海的冠头岭国家森林公园、桂林国家森林公园、南宁良凤江国家森林公园、柳州三门江国家森林公园、桂平龙潭国家森林公园、龙胜温泉国家森林公园、上思和防城港的十万大山国家森林公园、融水元宝山国家森林公园、八角寨国家森林公园、姑婆山国家森林公园、大桂山国家森林公园、北流大容山国家森林公园。有1个国家级旅游度假区，即北海银滩旅游度假区。

G 桂林市 山水天下秀
GUI LIN SHI SHAN SHUI TIAN XIA XIU

桂林是一座以山水秀丽和文物古迹众多为主要特征的风景游览城市和历史文化名城。桂林岩溶地貌发育最为典型，辖区内洞穴、石峰数以千计，大小湖塘数百个，其间河谷开阔平缓，山多平地拔起，孤峰、流泉、峰丛、峰林环布，漓江依山势流转，江中为洲；间有险滩、流泉、飞瀑，是桂林山水精华之所在，形成了山清、水秀、洞奇、石美的"桂林山水"。

桂林又是一座历史悠久的文化古城，从汉至清乃至近代，历代都在这里留下了灿烂的文化遗产，如兴安灵渠、恭城文庙等，文物古迹丰富，市区范围内有文物古迹共552处，被列为各级文物保护单位的117处，其中国家级5处、自治区级23处、市（县）级89处。靖江王府及王陵、李宗仁故居及官邸、八路军桂林办事处旧址被国务院批准为国家重点文物保护单位。这些文物古迹，都有很高的文学、历史、艺术价值和欣赏价值。自然景观与人文景观相协调，二者浑然一体，相互辉映。城在景中，景在城中，城景交融。

摄影提示

每年3月中旬至10月底为桂林的旅游旺季，这个时候到西山烧香的人特别多，酒店通常要预订。这里的气候适中，全年都比较适合旅游，如果不是特别的原因，最好避开旅游高峰。

拍摄旅游最佳时间

最佳时间是在每年4～10月，在这期间会有"五一"小长假和"十一"黄金周，也是旅游的高峰期。气候适宜的桂林会有很多的游客，房间的预订和交通也进入高潮，价格比平时有所上涨，所以最好避开这个时间，选择一个淡季出游，细细体味和拍摄这天下美景。

交通

航空：桂林两江国际机场至桂林市区 30 公里，有 50 多条航线，机场有巴士到市区，终点是民航大厦，费用 20 元。民航大厦每隔 30 分钟就有一班巴士从市区开到机场。如果坐出租车到机场大约 80 元。

铁路：京广线，黔桂、枝柳、湘桂铁路都经过桂林，一般坐火车可以直达国内各主要城市。

住宿

酒店、宾馆很多，价格会随旅游淡旺季浮动。星级酒店价格在 100 元至 1000 元，一般宾馆也会在 100 元至 200 元，旅社和招待所淡季的价格 40 元到 80 元。所有的宾馆、酒店、旅社等，在旺季都会上浮价格 3 倍。

饮食

桂林的吃在全国可是有口皆碑的，地方风味独具特色，集酸辣的湘菜和清淡的粤菜风味于一体，桂林人的家常小炒受湘菜影响比较大，几乎餐餐离不开酸辣。桂林的街头小吃是一绝，满街飘荡着糯米鸡散发出的荷叶香。桂林米粉不可不尝，有生菜粉、牛腩粉、三鲜粉、原汤粉、卤菜粉、酸辣粉、马肉米粉等。

桂林主要的食街有 5 处，分别是滨江路食街（伏波山段至象鼻山）、解放西路食街、普陀路食街（朝阳路口）、美食城（汽车站左侧 200 米处）、雉山路食街（美食城对面），最有名的食街是中心广场钟楼附近。

节庆

每年旅游淡季（10 ~ 12 月）举办年度性国际旅游节活动。

桂林市主要摄影旅游景点

① 象鼻山

地处市内桃花江与漓江汇流处，园内自然山水与人文景观相辉映，被人们称为桂林山水的象征。主要景点有水月洞、象眼岩、普贤塔、宏峰寺及寺内的太平天国遗址陈列馆等。附近还有隋唐开元寺仅存的舍利塔。水月洞紧靠江边，漓水流贯其间，如水中浮月，山石垂入水中又如象鼻饮水漓江，景致极佳，唐宋以来即为游览胜地。宋蓟北处士《和水月洞韵》诗："水底有明月，水上明月浮。水流月不去，月去水还流。"形象地描绘了这一景致。

摄影提示

如拍早霞选择深秋初冬，蓝天白云在夏季，烟雨蒙蒙在春季，如在冬季碰上下雪，那一定使你兴奋不已，因为白茫茫的雪景在桂林难得一遇。青山绿水的桂林山水风光照片随处可见，多不胜数，而银装素裹的象鼻山佳作则很少见。拍摄象鼻山全景的最佳位置在山的北侧江边，如果拍摄局部或其他象鼻山景点就需要靠近拍摄了。象鼻山上还是拍摄桂林城区局部秀色的较好位置，城区四周皆可入镜。上到山南侧的半山时可以回身拍摄漓江美景，或者拍摄远处的穿山公园以及江边的塔山。

交通

乘 2 路公交车或 58 路免费公益车到象山公园下车。

开放时间

淡　季　：
7:00 ~ 21:30
旺　季　：
6:30 ~ 22:00

2 伏波山

　　位于市中心偏北漓江的西岸，从东岸观望，山势陡峭，孤峰独耸，一峰独秀，半枕陆地，半插江中。在这里拍摄的伏波山无论是顺光还是逆光，以漓江为前景，都有景有情，亦诗亦画。伏波山下有还珠洞，洞中有众多历代摩崖石刻造像，并有巨石于离地数寸齐齐截断，如利剑腰斩故名为试剑石。其中伏波晚棹是桂林胜景之一。

摄影提示

　　拍摄伏波山四季皆宜，最佳地点是在漓江东岸的伏波山对面，以夏天的蓝天白云和深秋的晚霞为背景的照片特别美丽动人。

交通

　　2、13、15 路公交车可达，58 路免费公益车至伏波山公园，或者 4A 专线车可以到在市内坐出租车过解放桥到帝苑酒店门口往北 150 米左右下车，顺码头台阶走到江边即可。

开放时间

　　淡季：7:00 ~ 18:30，旺季：6:30 ~ 18:30

门票

　　15 元

3 叠彩山

位于桂林市区东北部，濒临漓江，占地面积约 2 平方公里，由明月峰、仙鹤峰和四望山、于越山组成，因山石层层横断，像彩绸锦缎相叠，因而得名。这里与城中的独秀峰、漓江畔的伏波山同为城内的游览胜地。山中佳景甚多，历代名人的摩崖石刻尤多。山的南麓有登山古道，拾级而上数十步即可到达叠彩亭。亭东的小山就是于越山，山顶有于越亭，从亭中眺望明月峰的山石，便见叠彩层层，琳琅满目，最能领略"叠彩"之意。驻足观望，全城景色尽收眼底。

摄影提示

叠彩山是观看桂林全景的最佳地点，重要景点集中在明月峰。而拍摄明月峰的最佳角度在仙鹤峰顶，在这里拍摄的叠彩山无论是顺光还是逆光，都能表现它的秀美。拍摄日出在秋天以后，应在天亮前上到山顶等候拍摄，拍摄顺光则在下午。伏波山和叠彩山都在江边，相距不到 1 公里。叠彩山的明月峰和伏波山顶都是高处拍摄漓江的好地方，特别是叠彩山明月峰，是个绝佳的拍摄点，很多画册上的桂林全景都是在这个点拍摄的。从峰顶南望桂林城山环水绕，伏波山、解放桥、象鼻山、穿山、塔山随着弯曲的漓江逐渐远去。江东岸是拍这两座山的好地方，特别是在夕阳西下的时候，山峰的剪影映衬着晚霞投映在江面，景色格外迷人。

交通

可选择乘坐免费公益车（57、58 路）、公交车（2、23 路）、景区穿梭巴士或自驾车直达景区。

开放时间

淡季：7:00 ～ 18:00，旺季：6:00 ～ 18:00

门票

20 元

4 芦笛岩

桂林山水甲天下，芦笛美景堪最佳。芦笛岩是桂林山水的一颗璀璨明珠。它位于桂林市西北郊，距市中心5公里，是一个以游览岩洞为主、观赏山水田园风光为辅的风景名胜区。芦笛岩洞深240米，游程500米。洞内有大量奇妙多姿、玲珑剔透的石笋、石钟乳、石柱、石幔、石花，琳琅满目，组成狮岭朝霞、红罗宝帐、盘龙宝塔、原始森林、水晶宫、花果山等景观，游客目不暇接，如同仙境，被誉为"大自然的艺术之宫"。芦笛岩是桂林岩洞奇观的代表，由于接待外国元首、总统等重要宾客最多，不仅让芦笛岩声名远播，还有了一个"国宾洞"的称号。

摄影提示

在洞内拍摄要备好三脚架及手电筒、快门线，由于洞内导游员介绍景点开灯的时间较短，如来不及拍可以原地等待下一批游客到后灯亮时再拍。有的洞设有固定的拍摄点，方便游客留影，你也可以和摄影师商量或付一些费用，借用光线及有利位置拍摄。

交通

距市中心约5公里，乘13路公交汽车可达。乘3路公交车，58路免费公益车，4A专线车可达。

开放时间

淡季：8:00 ～ 17:30

旺季：7:30 ～ 18:00

门票

旺季45元，淡季40元

5 七星公园

在漓江东岸，是桂林市面积最大、风景最美的综合性公园。在解放桥往东望去，可以看见七座山峰，排列得很像北斗七星，而被称为七星山。七星公园因山而得名。

摄影提示

拍摄七星山全景需要在象鼻山或者王城内的独秀峰，远眺七星山，七星山的布局排列一目了然。

交通

1．公交车 10、11、14、18、25、30、31、98 路，免费公益车 52、58 路可达景区花桥大门。

2．公交车 14、25、28、30、31、98 路，免费公益车 52 路可达景区驼峰大门。

3．公交车 10、24 路，可达景区栖霞大门。

4．公交车 14、25、28、30、31、98 路，免费公益车 52 路可达景区龙隐大门。

开放时间

6：00 ~ 20：30

门票

35 元

6 穿山公园

位于桂林城南郊，以穿山为轴心，占地面积约 2 平方公里，是桂林市山水旖旎的公园之一。穿山隔着漓江与象鼻山相望，与江西岸的龟山，形如两只相斗的公鸡，合称斗鸡山。

塔山位于穿山公园内，因山顶有明代建成的八角古塔而得名。与穿山隔江相望，海拔 194 米，相对高度 44 米。山上的明建古塔 8 角，7 层，实心，砖结构，高 13.3 米，北面嵌佛像，称寿佛塔。远看如屏风，亦若舰只行驶江上，又称"军舰山"；近看，裂出一石，有如鬼斧神工，从峰顶直劈到地面。山下多枫树，秋日有"塔山红叶"醉人景色。塔山夕照是最迷人的景色之一。

摄影提示

春天拍摄塔山可以梨花做前景，夏天可拍蓝天白云，秋天可拍摄塔山的晚霞，而冬天如碰巧下雪就可拍摄塔山冬雪了。在象鼻山南侧山上，以漓江、解放桥做前景，可以远眺拍摄到穿山和塔山的全景。

交通

穿山公园距市中心约 3.5 公里，目前暂无公交车，到此拍照可乘出租车前往（出租车起步价 7 元，每公里 1.6 元）。

开放时间

淡季：7:00 ～ 18:30，旺季：6:30 ～ 18:30

门票 10 元

7 靖江王城

靖江王城坐落于桂林市中心，它是明太祖朱元璋其侄孙朱守谦被封为靖江王时修造的王城。城垣左为宗庙，右为社稷。城内有承运门，承运殿。围绕宫殿主体建筑，还广建楼堂厅院，亭阁轩室，构成一个金碧辉煌、规模宏大的建筑群。独秀峰位于靖江王城内，它是王城景区不可分割的部分。最早的"桂林山水甲天下"的诗句就刻在独秀峰上。

摄影提示

靖江王城内可以拍摄保存基本完好的城墙、大殿、神道及其他建筑、独秀峰、月牙池、古老的桂花树、榕树，还有 3 个古城门。爬上独秀峰仅高出地面 60 多米的山峰，需要近 20 分钟。在山顶的平台上和独秀亭里可拍摄城市四周的景色。

交通

乘 11、14、18 路到靖江王城商厦下，或乘 1、17 路到靖江王城站下。

开放时间　9:30～19:30

门票

通票 50 元，包含靖江王城，靖江王府，独秀峰（身高 1.00～1.40 米半价，1.00 米以下免票）

8 靖江王陵

　　是靖江王朱守谦及其子孙的王陵,位于广西桂林市区七星区东郊尧山西南麓,南北 15 公里,东西 7 公里,共有王亲藩戚墓葬 300 多座。整个陵园规模庞大、气势磅礴,有"北有十三陵,南有靖江陵"之称,其中有 11 人葬尧山,有"靖江王 11 陵"之称。

● 摄影提示

　　靖江王陵除了庄简王陵开辟后较为完整,可以按部就班地拍摄陵园建筑、神道、石刻仪仗外,其他王陵没有开发,拍摄可以根据需要进行徒步考察,拍摄在旁边的松树林里很多没有开发的古墓和许多石人石马等遗迹,所幸其他王陵遗址全部分布在很近的庄简王陵周围。

● 交通

　　乘坐 13、24 路公交车可到达,在靖江王陵路口下车往北走 500 米即到。

● 开放时间　8:30 ~ 17:30

● 门票　庄简王陵 20 元

9 漓江

漓江，是中国锦绣河山的一颗明珠，是广西旅游胜地的金字招牌，又是桂林风光的精华。漓江发源于桂林东北兴安县的猫儿山，流经广西桂林、阳朔，至平乐县恭城河口，全长 437 公里。由桂林至阳朔 84 公里的漓江，像一条青绸带，盘绕在群峰山峦之间，奇峰夹岸，碧水环绕，青山浮水，犹如一幅百里画卷。新版人民币 20 元背面，就是漓江山水的一段。千百年来它不知陶醉了多少文人墨客，吸引了无数的摄影人前来观光采风。

漓江从兴安灵渠与大溶江汇合后南下，直到桂林算作上游；桂林到阳朔为中游；阳朔以下为下游。一般意义上，很多人旅游观光是在桂林到阳朔的中游一段进行的。其实，对于摄影师的摄影旅游来说，整个漓江全程都是拍摄的对象和目的地。只是桂林至阳朔的中游开发较早，宣传与传播的影响，使这段漓江的精华部分作为漓江美景的代表早已深入人心。

中游漓江水上交通

市内交通：内宾在磨盘山码头乘游览船，外宾在竹江码头乘游览船，10月～次年 3 月为枯水期，其间在杨堤码头乘船。

梁琦 摄影

　　陆上交通：桂林市汽车总站和火车站广场有很多开往阳朔的大巴，最后一班21:00。桂林和阳朔汽车站还有分别到达大圩、冠岩、草坪、杨堤、兴坪、福利、葡萄等摄影旅游地的班车。票价在5～15元。

漓江中游游船价格

　　漓江游览票分为三种类型：甲类（超豪华空调船）、乙类（豪华空调船）、丙类（普通空调船）。旺季（4～11月及春节长假）：甲类散客票价：450元／人，团体400元／人；乙类散客270元／人，团体240元／人；丙类散客210元／人，团体200元／人。淡季：甲类散客票价：380元／人，团体350元／人；乙类散客240元／人，团体210元／人；丙类散客190元／人，团体180元／人。其中甲类、丙类门票分别免费向游客提供中式经济餐和中式自助餐。

🟠 兴安灵渠

是世界上现存最完整的古代水利工程之一，同时也是世界上最古老的人工运河之一，它与四川都江堰和陕西郑国渠齐名。灵渠的斗门是现代船闸的前身，是世界上最早的通航设施。灵渠的伟大之处在于它沟通了漓江和湘江，使长江与珠江得以通航。有"北有长城，南有灵渠"之说。

摄影提示

灵渠公园很大，可拍摄的古树、古代的遗址很多。最有名的拍摄点是铧嘴和大小天平，由古老的石头砌成的大小天平掩映着旁边的古树，别有一番风味。灵渠公园里还有飞来石、四贤祠、三将军墓等景点。景区内还有南陡古村和龙王山，山上有观阁楼，可以凭栏俯瞰灵渠，远眺兴安古城和灵渠边的万顷田园。如想全程感受灵渠，还可以沿灵渠徒步到大溶江，沿途近30公里有许多古桥可供拍摄，乡村风景更是美不胜收。早晚时刻最佳。

② 兴安水街

是指古运河灵渠穿过兴安县城的一段，长约1公里。水街景区由古代建筑文化、古桥文化、古石雕木雕文化、灵渠历史文化、岭南市井风俗文化五大部分组成。

◎ 摄影提示

水街两岸的传统民居大部分已经被钢筋混凝土的小楼代替了，为了营造古朴的气氛，政府在改造这条街道时把大批从周边乡村搜集来的木雕、窗花、牌匾等传统样式的木雕放置在这些民居上，使这些民居看起来更古朴优雅，它们集中反映了桂北地区民间文化的特色，加之灵渠两岸居民的生活风情，很值得一拍。其他还有古戏台、北街里老街、马嘶桥、三将军墓等名胜古迹，常常可以让人流连其中，找到或等到很多可以拍摄的东西。

❸ 江头洲村

漓江的水在大溶江和灵渠汇合后南下，30多公里就到了灵川县城，顺着江水而上10多公里，有一个很古老的村庄——江头洲村。江头洲村是中国北宋著名文学家、理学创始人周敦颐的后裔之村，明清以来，江头洲村就大兴科举教育，办义学、设私塾。据统计，明清以来江头洲村周姓共出现秀才170人，举人25人，进士8人，庶吉士7人，出仕为官者163人，被称为"中国科举仕宦第一村"。

● 摄影提示

在江头洲村可拍摄到许多古建筑群落。江头洲村现存的元明清古建筑种类齐全，规模宏大，其类型包括民居、水井、祠堂、巷道、牌坊、桥梁、墓葬、庙宇、香火堂、河流、远山、田园等。现存明清至民国时期民居百余座，分布规整有序，传承脉络清晰。最为壮观的是坐落在江头洲村南部的爱莲家祠，它是村中古建筑中规模最大、装饰最精致的建筑，同时还作为爱莲文化的载体，传承着古老而清廉的爱莲文化传统。有漓江和特有的喀斯特山峦做背景，古村以及村前的阡陌田园相得益彰，极尽秀色，很多诱人的景致都是可拍摄的主题。

● 交通

1. 可以在桂林北极广场的桂林汽车北站乘到灵川的班车。到灵川后再到九屋镇的路口转乘到九屋的班车，票价3元／人，再步行10多分钟可到，有路牌指示。

2. 直接从灵川坐到江头洲，4元／人，30分钟可到。

● 食宿

村民提供农家饭，但需要提前告诉爱莲家祠的接待员，由村上统一安排由哪家接待，这是一个不成文的规矩。村民都很遵守，也是为了保证每家都受益。江头洲目前尚无家庭旅馆，当天可以往返灵川和桂林，在桂林或灵川县食宿。

④ 大圩古镇

大圩古镇在漓江东岸，父子岩东南，磨盘山北，距桂林23公里水程。史载，古镇始建于北宋初年，兴于明清，鼎盛于民国时期，距今已有千年历史，远在600年前，大圩以其"大"，成为广西四大圩镇（宾阳的芦圩、苍梧的戎圩、贵县的桥圩）之最。

摄影提示

在大圩可以拍摄古石板路及路两旁的商铺民居、一座明代的万寿桥和十多个古码头。大圩古镇的居民生活别有情韵，可以细心地捕捉在镜头之中。从大圩左行8公里，有一个叫熊村的老村子，是过去湘桂古商道的重要商埠，现还保存着几条明清老街和老屋，也值得一拍。还可以乘游船过大圩对岸的毛洲岛，拍摄秀美的田园风光和当地人的劳动与生活场景。

交通

桂林长途汽车总站乘开往冠岩的旅游专线班车，在大圩下（7:30～14:00，每小时一趟），票价4元／人。或者在桂林市东面三里店一带搭乘从灵川开出的往大圩、大境方向的班车，票价3元／人。从桂林到大圩17公里，所需车程约40分钟。去熊村可在大圩乘三轮车，1～2元。

食宿

镇上有私人餐馆多家，大圩的清水鱼、桂林米粉、粽子、米豆腐等小吃和各种小炒，美味实惠。还可以尝尝当地产的葫芦酒和桃花酒，不太辣，有点甘甜。老街上有一两家老式客栈，4～5元／晚，条件较差。如果住稍好点的旅馆，老街外的

公路旁有几家。毛洲岛上还有多家农家旅馆，一般10元／人，环境很不错。

10 冠岩

位于距桂林市29公里的漓江中段，一个具有千年人文历史的地下溶洞，前因洞内泉水甘洌而名"甘岩"，后因其山外形如朝冠而更名"冠岩"。早在公元1637年，徐霞客就慕名前来，成为冠岩第一个探洞名人，其在《徐霞客游记》中详细记载了冠岩，"冠岩"之名便因他而得。

耿旭 摄影

摄影提示

岩洞内千姿百态的石钟乳胜景的拍摄需要三脚架，不要忘带；另外在岩洞内拍摄要防止相机被滴水淋湿，造成损坏。

交通

草坪和冠岩位于一条线上，可从桂林汽车总站乘冠岩的专线车到草坪，大圩路边有过路的桂林至冠岩的班车，8元／人可直接到草坪。

11 兴坪佳境

兴坪古镇位于阳朔境内漓江的东岸，距今已有 1700 年历史。这里群峰如簪、碧水似带，青山、绿水相伴，翠竹、倒影相陪，站在兴坪码头上放眼四方，周围美景尽现眼前。老寨山位于阳朔兴坪镇上的漓江边，漓江在山脚转了一个 90 度的大弯，像罗带似的萦绕着古镇向南流去，四周海拔 300 多米，有登山小道直通山顶。在老寨山顶上放眼望去，群山环抱，山环水绕，兴坪佳境尽收眼底。这里不仅有兴坪山水、古村寨等，还有渔村、渔火可以拍摄。

何福章 摄影

摄影提示

兴坪饭店是目前兴坪最高的建筑物，是拍摄兴坪全景的最佳位置，此处上午可拍摄顺光，下午可拍摄夕阳晚霞。在老寨山上早晨可向东面拍摄日出或向西顺光拍摄漓江晨雾，下午向西面拍摄日落，向东面可拍摄田园风光、兴坪古镇。兴坪佛子岩是拍摄 1999 年发行的 20 元人民币背景图案的地方。拍摄地点位于兴坪附近的漓江边，当地人称之为佛子岩，这里不仅是摄影家创作的天堂，也是画家反映漓江风光的必到之地，著名的画家李可染先生曾多次到此创作。在漓江水流量较小的时候，可在水坝上拍摄，但一定要注意安全及保护好设备。此处上午可拍摄顺光蓝天白云等，下午不但可拍日落也可租几条竹排点上渔灯，拍摄漓江渔火的片子。

漓江渔火是漓江著名的景观。现在以打鱼为生的渔民少了，要拍摄漓江渔火需要事先安排组织才能达到摄影效果，可找兴坪望江楼饭店的周老四帮忙安排，每条竹排约 30 元，也可根据拍摄需要安排竹排数量，也可到黄布滩、下龙、阳朔、阳朔大桥上拍摄，一般拍摄时间是清晨或傍晚。

交通

兴坪距阳朔县城 25 公里，交通便利，每天往返县城的班车很多，票价 5.50／人。

到达兴坪后从兴坪码头边的榕潭公园沿上山的台阶即可到达山顶。从兴坪镇过平熙桥沿江北上 500 米左右再下到江边即到佛子岩，也可花上 2 元钱坐机动三轮车到达。

何福章 摄影

① 九马画山

是漓江著名的景观之一，是大自然的笔墨奇观。位于兴坪镇西北 4 公里处，山高 400 余米，宽 200 米，临江而立，石壁如削，五彩斑斓，远望如一幅巨大的画屏，细细地端详，画屏中唯有一群骏马，或立或卧，或昂首嘶鸣，或扬蹄奋奔，或回首云天，或悠然觅食……游客每每到此，总要细细揣摩，发挥想象力数一数。画山，堪称漓江"巨壁美"之冠。

摄影提示

拍摄九马画山可从高角度漓江边的山上、江边水面上拍摄，也可以在冷水村与江边之间的浅滩上拍摄，回首还可以拍摄神笔峰以及远山景致。如果遇上熟悉拍摄线路的船老大，你可要求他带你到桂林摄影家选择的拍摄景点拍摄，则可收到事半功倍的效果。

从兴坪码头可以租船前往，也可以从杨堤码头租船到达拍摄地点。费用80元到100元。

12 阳朔

中国旅游名县。有山清、水秀、洞奇、石美四大景观特色，造就了阳朔这方人间仙境，上帝的特殊恩赐，给给了阳朔富甲天下的灵山秀水。全县拥有奇特山峰2万多座，大小河流17条，8大景区，250多个自然景点和人文景观。迄今，已有世界上150多个国家，300多位总统、总理、首相、部长等到阳朔观光考察。

交通

从桂林到阳朔约70公里，每15分钟一班，7:00～22:00有车，桂林到阳朔的普通班车10元／人，车程1小时10分钟，火车南站站前广场为班车始发站。桂林长途汽车站，桂林至阳朔的直达快巴13元／人，车程50分钟，每

何福章 摄影

韦星阳 摄影

30分钟一班车，8:00～21:00有车。阳朔至全县各乡镇均有普通客车与快巴通行，几分钟内就会有很多车辆开往各处景区景点，或者往返桂林。在漓江下游摄影旅游主要是以阳朔为据点，当日都可以往返于各处景区景点。如果想在景区景点住下来拍摄会有更大的收获。

在阳朔自行车自助游，对于很多人来说，这似乎是一个必选的项目，尤其是对于摄影旅游，更是便捷舒服，不会漏过任何一处景观。这是阳朔旅游的一大特点。最热门的线路是阳朔到高田镇这一段，因为这段路上有很多的景点，特别值得推荐的景点（不用购票的景点）一个是工农桥及附近，赏月景区（在路边的一个小村，千万不要错过），还有就是龙潭村（月亮山后面的一个小村），与赏月景区的小村几乎是斜对面的（两者之间隔了条马路），距离不是很远。赏月景区的小村就在路边，而龙潭村从路边进去还要3公里左右才到，还有就是高田镇，镇中心两头（经过镇中心的马路两头）风景都是蛮不错的。其他地方都可以租自行车前往，十分便利。租一辆自行车一天的价格是5元至10元，当然也可以租电瓶车。

● 摄影旅游最佳时间

4月份和10月份（农历八月十五桂花开放前后）是来阳朔旅游的最佳季节。

● 食宿

淡季住宿一般是50～80元一晚，节假日尤其是"五一"和"十一"期间价格上涨。住在西街上比较方便逛街，但晚上酒吧会吵到很晚，中西餐一应俱全，便宜的桂林米粉、螺蛳粉等一般5元就可以吃饱了。在旅途中还可以在村子里面吃农家饭，价格便宜。

❶ 西街

"不逛西街，就等于没有来阳朔"，阳朔西街又被戏称洋人街，已有1400多年的历史。西街至今仍是小家碧玉型的南方村镇建筑规模，但却显现着国际情调的人文景观。不同肤色、不同国籍的老外和来自全国各地的游客在这里相聚，随意小酌，自由交流，形成了中西文化相结合的一道亮丽的风景线。

摄影提示

西街的拍摄题材很多，白天和晚上都可以，请根据自己的需要选择。晚上西街上各酒吧生意红火，人们纷纷在老街上流连购物。县城里有很多彩扩店，西街上就有几家，更主要的是可以买到反转片，这在其他地方却是不可能的。

何福章 摄影

❷ 阳朔仙境

雨过天晴，当太阳冉冉升起的时候，晨雾、霞光、群峰、漓江、大自然的美景使仙境般的阳朔县城及周边地区显得更为迷人。"桂林山水甲天下，阳朔堪称甲桂林，群峰倒影山浮水，无水无山不入神。"就是对阳朔自然景观的概括。

摄影提示

拍摄阳朔仙境一般以高角度拍摄较为理想，特别是雨过天晴后，地面上湿度较大，太阳出来后容易形成雾带或云海，场景非常壮观。高角度的拍摄点在县城附近有三个：一是碧莲峰，二是邮政塔，三是电视塔，可根据拍摄需要选择。因须在天亮前到达山顶，请安排好时间，带上手电筒，备足饮用水和干粮，注意安全。

❸ 白沙渔火

是阳朔的老八景之一，也是漓江著名的景观。漓江流过阳朔的碧莲峰后因爱山峰阻挡形成了一道河湾，称为白沙湾。附近的居民基本是渔家，以前每到傍晚，三五成群的渔民划着竹排，点燃油灯，赶着鱼鹰在江上捕鱼，星罗棋布的渔火照亮江面，景色别致。现在以打鱼为生的渔民少了，要拍白沙渔火须事先安排组织，才能达到摄影效果。从 1998 年开始，阳朔每年都要举办一届渔火节，吸引了无数的中外游客。

⬤ 摄影提示

拍摄漓江鱼鹰最好选择在漓江边，可将鱼鹰、渔民、竹筏这些漓江特色的元素结合起来，将他们融入山水中。也可特写，专拍鱼鹰的"鹰"姿。在漓江边碰上带有鱼鹰的竹筏，可和渔民商量，付一些费用拍鱼鹰（价格 3～5 元），也有不要钱的，看你是否能碰上。漓江两岸的鱼鹰以杨堤至兴坪较为集中，在这段江面上经常可以看见它们的踪影。阳朔的水东门码头和西街边常有渔民带着鱼鹰为游客提供有偿的拍照服务（价格一般为 2 元／次）。 拍白沙渔火一般都在阳朔大桥上面或桥下的江面拍摄，应事先组织联系好当地的渔民，每条竹排 50 元左右，可根据拍摄需要安排竹排数量。一般的拍摄时间是清晨或傍晚。

何福章 摄影

韦星阳 摄影

④ 遇龙河

　　是阳朔境内流入漓江最大的支流。遇龙河景区是近三年来才有游人光顾的新兴景区，交通不便是它对外推广的障碍之一，但正是交通不便使它还保留着最自然和原始的景观：毫无污染的清澈河水、随处可闻的鸡鸣犬吠，到现在为止遇龙河景区的遇龙河段大部分还没有通汽车，只能通过徒步、骑自行车、乘坐竹筏漂流三种较合理的方式游览。

● 摄影提示

　　拍摄遇龙河可以从上游的周寨村开始，这是个小村子，值得一拍的就是村口流淌着的清澈见底的遇龙河水及河面上的石拱桥。据说此桥已有近 200 年的历史，叫旺福桥，是遇龙河上第一座石拱桥。遇龙河两岸景色很美，拍摄的景点和角度也很多，其他的拍摄角度可根据需要在遇龙河两岸选择。

● 交通

　　从县城汽车站乘坐到金宝的班车经过白沙左转后在金龙桥下车，或坐阳朔往桂林方向的车到白沙下车后再租机动三轮车或摩的到达遇龙河。自驾车或租自行车在白沙按路标左转都能到达。还可以从县城往大榕树方向，快到工农桥往右转沿河行走。

● 食宿

　　上游村中较少有食品和水出售，要带上充足的干粮和饮料；下游游客较多，村子里的小卖部有食品、水果和饮料卖，遇龙桥边、旧县村里和附近的河边有农家饭卖。遇龙桥边的遇龙村有旅馆可住，10 元／晚。

● 开放时间

全天开放

● 门票

全程 180 元／竹筏

⑤ 大榕树

位于阳朔高田乡月亮山景区，树高 17 米，树围 7.05 米，榕树盘根错节，亭亭玉立在金宝河畔，距今已有 1400 年历史，这里的周边自然景观也很美丽。电影《刘三姐》抛绣球定情的场景就在此拍摄。

● 摄影提示

阳朔的标志性景点，拍摄大榕树的时间一般选择春夏两季，金宝河的丰水期在河坝上拍摄，这样就可以将古榕和倒影全纳入镜头，拍摄古榕伴清流美景。

● 交通

大榕树在县城以南，距县城约 8 公里，桂林至荔浦的公路贯穿景区，交通十分便利。可选择到高田或荔浦的班车在大榕树下车，也可租自行车或自驾车前往。阳朔县城有很多三轮摩托，去大榕树一般要 10 元，可讲价。

● 开放时间

7:00 ～ 18:30

● 门票

20 元／人（1.10 ～ 1.40 米儿童半价，1.10 米以下儿童免票）

田文海 摄影

韦星阳 摄影

6 葡萄田园风光

葡萄乡位于阳朔县境内，桂林至阳朔公路从北到南横穿而过，距桂林44公里，距阳朔16公里。乡政府东面有一大片稻田，每年春天插秧之前，这里阡陌纵横，田畴似锦，景色十分壮观神奇，特别是在夕阳下远处群山层层叠叠，近处田园一片波光粼粼，当红日将要西下时，是拍摄的好时机。

摄影提示

拍摄葡萄田园风光多为逆光拍摄，应选择有太阳的天气16:00～17:00到达山顶等候拍摄。

交通

从桂林火车站乘坐到阳朔的班车或从阳朔汽车站乘坐到桂林的班车，在葡萄下车（桂林至葡萄6元／人，阳朔至葡萄5元／人），在西面有一个路口标明往大坪方向，在此租车沿路西行约1.8公里，在路过一个休闲山庄的第一个岔路口下车，顺公路往左走20余米开始爬山，有一小路到达左边山顶即可，自驾车可将车停在岔路口然后上山。

13 猫儿山

融"泰山之雄，华山之险，黄山之秀，峨眉之幽"的猫儿山，位于广西东北部，地跨兴安、资源、龙胜3县，距桂林市122公里；海拔2141.5米，相对高度1862米，是广西最高山脉越城岭的主峰，因山形如猫而得名。整个保护区地势呈葫芦形，中部高，四周低，向东南倾斜。中部的八角田，南部的通大坪，西部的三十六包为山间盆地，其余都是山峦连绵的峰丛地带。山体古老，地形复杂。气候温和，水源充足，土壤肥沃，植物种类繁多。猫儿山又是漓江、资江、浔江（广西三大河流）的发源地，有"华南之巅"的美誉。

● 摄影提示

猫儿山四季分明，每个季节都适合拍照。从百竹铺到高寨村的路上景色都非常好。春季雨水较多，山间云雾变化较大，瀑布的水量也大，山上有青翠的树木和各种颜色的高山杜鹃，色彩缤纷，很适合拍照。不过要保护好相机，最好准备好防雨设备。夏季树木浓绿，山上有大片大片的竹林和梯田。秋季天气比较干爽，山间有不少红叶，山顶的云海、日出等景观比较容易拍到。猫儿山云海和佛光更能给摄影旅游者带来惊喜。

● 交通

桂林桂北客运站每天有两班车发往猫儿山脚下的高寨村，时间是10:00和15:20，票价16元／人。也可乘直达快车到兴安，票价9元，再从兴安转乘兴安到高寨的班车，每天有3班。还可在桂林北极广场旁的桂北兴安车站乘普通中巴车到百竹铺下车（票价7元／人），再从百竹铺路口租辆面包车到高寨（租车70元），徒步穿越十里峡谷。如果包车上山，面包车一般来回要200元，门票35元。猫儿山已经修好了上山公路，自驾车可一直开到山顶。

食宿

高寨和山顶都有旅馆，高寨有不少农民开的家庭旅馆，每晚10元。有土鸡、野菜可吃。山顶有云峰饭店，住宿费10～20元。距山顶1公里处有条件较好的猫儿山避暑山庄，房价一般200～400元。

门票

50元（身高1.00～1.40米半价，1.00米以下免票）

陈天石 摄影

14 八角寨

又名云台山，位于资源县东北部梅溪乡大坨村，主峰海拔814米。云台山因云涌峰浮而得名，巅具八角，故又名八角寨。

八角寨丹霞地貌发育典型，分布集中，特点尤为突出，被专家誉为"丹霞之魂"和"高品位的国家级观赏园林"。八角寨之八角雄、奇、险、峻、秀、幽自然结合，似鬼斧神工凿就，实属罕见。八角寨东、西、北三面均为悬崖绝壁，只有沿着西南坡的一条古老的、陡峻崎岖的山径可以登顶。景区中的群螺观天、鹦鹉石、泪人石、神鹰石、人参石等130多处景点，莫不形神毕肖，栩栩如生。登主峰鸟瞰，沟底石峰林立，条条石巷纵横交错，危崖峻拔、群峰依次矗立，山间气象万千，经常可见云海、云带、云涛、云湖、日出、佛光等奇景，极具观赏、科考价值。八角寨是广西首批八大重点风景名胜区之一。1996年被国家林业部评为国家森林公园，2002年被国家地质部评为国家地质公园（广西唯一一家）。

　　山上两条道可以互通，左边的山路可通到天桥等拍摄点，右边的通向八角寨主峰龙头香。相传龙头香是八角寨的龙脉所在地，龙头香是龙脉的总龙头。龙头香是拍摄丹霞地貌的最佳位置，下面是无数奇形怪状的山峰，特别是在早晨有云雾的时候，更是变幻莫测。八角寨以其云海、日出、佛光、冬雪等奇景闻名，摄影者可根据需要选择拍摄。一般拍云海、日出、佛光在 4 ～ 10 月，冬雪则在 1 ～ 2 月或者 12 月。有村民可帮助背包上山，费用 60 元左右，可以讲价。八角寨雨水较多，早上经常下雨，拍摄时一定要准备好雨具，早晚上下山要带手电筒。由于山陡，一定要注意安全。

交通

　　桂林汽车总站有直达快班车和普通班车可到资源县城，快班车 23 元／人，

陈天石 摄影

普通班车19元／人，再从资源汽车站换乘去梅溪的班车，7元／人。1个小时可到；从梅溪到八角寨有9公里，只能乘摩的和三轮车，一般5元／人。

食宿

景区内的山脚有两家旅馆，条件较差，每晚10元／人，旅馆都提供伙食，价格可商议。山顶的食宿条件较差，如需住宿最好自备睡袋及一些干粮。山顶的天宫寺可提供住宿（20元／床位）。

门票

40元（身高1.00～1.40米半价，1.00米以下免票）

15 龙脊梯田

　　龙胜龙脊梯田景区是广西著名风景区，始建于元朝，距今已有近700年的历史。它是壮、瑶民族勤劳智慧的结晶，它是大地的乐章。龙脊是指龙胜各族自治县和平乡东北猫儿山山脉的西南段，因山脉如龙的背脊而得名。山脉左边是桑江，右边是壮族和瑶族先人开凿的梯田，被后人称为龙脊梯田。它主要属于两个古老的寨子——平安寨和大寨，平安寨的叫龙脊梯田，属于壮族；大寨的叫金坑梯田，属于红瑶族。两处梯田各具特色，都蕴涵着丰富多姿的少数民族文化。

● 摄影提示

　　平安村的梯田大多在东南方，早上在2号景点拍摄最佳；1号景点在东北山顶，下午在此拍摄为宜。而金坑梯田以及红瑶村寨处于一个四周山峦环抱的山间小盆地内，从早上到晚间都可以根据光线的转换调整拍摄地点。为了等候光线或者抓紧时间拍摄，完全可以住在位于山腰寨子里的农家旅馆，一早一晚会很方便。

　　从拍摄时间上来说，全年有四个主要时间为拍摄龙脊梯田的较佳时间。每年的5月25日至6月10日（芒种前后一个星期），这半个月左右的时间是摄影的最佳时机，这时的梯田灌满了水，田基杂草铲得干干净净，田基也休整好了。田园里经常有劳作的人群。拍摄角度最好选择逆光拍摄。测光要避开太阳高光区测光，否则会曝光不足。7月中旬（小暑至大暑）是第二次拍摄的好时机，这是水稻返青进入生长期，梯田青绿色，在逆光照射下梯田呈现出层次丰富的绿色线条，生机盎然，是出作品的好时机。拍摄时间选择晴天，8:00～17:00 则为最佳拍摄时间段。中秋节前后 5 天是第三次拍摄的好时机，此刻的梯田一片金黄，色彩丰富而艳丽。农家的木屋前后晒满了红辣椒，山寨一派丰收景象。秋季的早上也比较容易出现朝霞，有时还会碰到神秘的耶稣光。晨雾在阳光的折射下，影调层次丰富，透视感强。冬天也是拍摄梯田雪景的大好机会。雪景中的梯田线条更显得醒目。一条条雪白的田埂犹如山舞银蛇，美不胜收。不过，这里的雪景比较难遇到。除了拍好梯田风光外，还有地方建筑、民族风情及民俗活动等，也都是不可多得的拍摄题材。

农历四月初八，龙胜有"火把节"。此时的龙脊梯田里都会有 100 多人手持火把在梯田上游行，场面甚为壮观，还有其他活动不可错过。

🔸 交通

从桂林汽车站乘到龙胜的普通班车可在和平乡龙脊路口下（票价 14 元／人），而直达快班车到龙胜汽车站（票价 18 元／人）下，再转乘到金坑红瑶梯田的车（去平安龙脊梯田也转乘此车）抵达金坑（从县城到金坑 33 公里，从龙脊路口到金坑 22 公里，票价 5 元／人）。自驾车到和平乡龙脊路口后按路标直行即可到达。也可徒步从龙脊梯田到金坑梯田，沿途也有些景观可以拍摄。

何福章 摄影

🔸 食宿

吃住在当地寨子里农家旅馆很方便，丰简由己。红瑶妇女还会帮你背包，做向导，不过付不付小费，是要提前商量好的。

🔸 门票

平安、金坑两个景区分别 50 元／人（身高 1.00～1.40 米半价，1.00 米以下免票），全天开放

🔸 开放时间

全天开放

16 恭城古建筑群（文庙、武庙、周渭祠、湖南会馆）

恭城瑶族县是一个古老的县城，位于桂林市东南部，距桂林市 108 公里。

恭城瑶族自治县的古建筑群众多。在县城，有文庙、武庙、周渭祠（周王庙）、湖南会馆（称三庙一馆）；在乡镇，有西岭周王庙、龙虎周王庙、令公庙、莲花关帝庙以及朗山村的宫殿式古民居，此外还有众多的古桥、古塔、神亭、古戏台等。

❶ 恭城武庙（关帝庙）

是纪念三国名将关羽的庙宇，位于恭城县城西的印山麓，右侧是文庙。两庙在建庙基地的选址上颇有考究，分占同一山的两个山脊，相隔 50 米，既毗邻又互相对应。武庙戏台是目前广西保存最完整的两座古戏台之一（另一座在昭平县的黄姚古镇），虽经 400 年沧桑，却风采依旧。

② 恭城文庙

即孔庙，又称学宫，是祭祀孔子的祠庙。位于桂林市恭城县西山南麓，是广西保存最完整的孔庙，也是全国四大孔庙之一。文庙坐北朝南，俯目敢茶江，背靠印山，依山而建，逐层布置，显得庄严肃穆。

③ 周渭祠

恭城人称它为周王庙或嘉应庙。它建于明朝成化十四年（公元 1478 年），清朝雍正元年（公元 1723 年）重修，是祭祀北宋监察御史周渭的祠庙。周渭祠由戏台（毁于三十年）、门楼、大殿、后殿及左右厢房组成。周渭祠门楼，是全庙的精华所在。

❹ 湖南会馆

位于桂林恭城县城的太和街，建于清朝同治十一年（公元 1872 年），在周渭祠的西侧，相距有如文武庙，更是紧紧相连。

● 摄影提示

对于恭城古建筑群，拍摄需要从整体到局部细节，慢慢拍摄，任何一处精美的建构都是古建筑文化的遗产，所以，需要平心静气地欣赏和拍摄，并带好长焦镜头，便于拍摄高处的局部；同时注意平视建筑物时尽量避免影像的畸变。除了建筑外，恭城文武庙、周渭祠以及湖南会馆里的石雕、砖雕和木雕精美绝伦，还有很多古老的壁画和彩绘，很有历史与文化价值，都是拍摄的主题。建筑物内的拍摄由于光线暗淡，不要忘记使用三脚架。

● 交通

恭城距离桂林 80 公里。到恭城拍摄古建筑群，可以在游览阳朔后，在阳朔车站乘桂林至恭城的班车到县城下车（普通车，票价约 5 元／人），也可直接从桂林乘坐桂林至恭城的班车（空调直达快班车 15 元／人，普通班车 13 元／人）。还有一条线路是，从贺州和湖南的永州也都有班车到达恭城。四大古建筑全在县城内，相对集中，相距很近，步行或乘坐三轮车即到。

● 食宿

恭城饮食上与桂北一样，各类米粉一应俱全。也可以找到不收费的米饭，自选小炒。一般情况下一个人 10 元左右即可吃得不错。恭城住宿一般宾馆每晚 60 到 80 元，也有一般旅社，价格相对便宜，根据条件单间或标准间可以谈到 30 至 40 元／人。

● 门票

恭城文武庙门票 25 元（1.20 米以下儿童免票），周渭祠门票 8 元

柳州市 民族风情园
LIU ZHOU SHI MIN ZU FENG QING YUAN

　　地处广西北部，南邻来宾市、西接河池市、北邻贵州，人口366万，居住着壮、汉、瑶、苗、侗、仫佬、毛南族等20多个民族。下辖柳北区、城中区、鱼峰区、柳南区、柳江县、柳城县、鹿寨县、融安县、三江侗族自治县、融水苗族自治县。

　　柳州地方民族风情浓郁，附近乡村聚集着壮、侗、苗、瑶等少数民族，他们各自有独特的语言、服饰、村寨建筑和风味饮食。传统的民族节日四季不断，最隆重的有农历八月十五的壮族山歌节；三月初三侗族花炮节；正月十六苗族的古隆坡节；十月十六瑶族的盘王节。柳州又有"歌乡"的美称，是民间传说的歌仙刘三姐的故乡。柳州人至今仍有唱山歌的古朴遗风，每当晴朗的日子，人们都聚集在刘三姐成仙的鱼峰山下、江滨公园内对唱山歌，当阵阵山歌在山林下萦绕时，令人想起郭沫若的诗句："立鱼峰畔歌声发，应是刘三姐再来。"

　　到广西不能不看民族风情，看民族风情不能不到柳州。苗族的节日、壮族的对歌、瑶族的舞蹈和侗族的建筑被誉为柳州民族风情"四绝"。在柳州摄影旅游必到的地方有：柳侯公园、大龙潭、鱼峰公园、蟠龙山、白莲洞、东门城楼、箭盘山奇石园、三江侗乡、融水苗寨。

韦星阳 摄影

摄影提示

桂北的气候类型，简单说来，就是冬无严寒、夏无酷暑，气候比桂东、桂南要温和许多。但是，同其他地区相同的是，这里多雨。因此，来这里旅游，带上一件防潮衣服还是有必要的。

交通

航空：柳州白莲机场是目前广西规模较大的航空港之一，可起降波音 737 等中型客机，目前有十多个航班往返上海、广州、成都、深圳、海口、北海等各大中城市。

铁路：柳州是广西最重要的铁路交通枢纽，中国南部的主要铁路干线湘桂线、黔桂线、焦柳线、黎湛线等 4 条干线在这里交会。从柳州火车站每天有近50 对客运列车开往北京、上海、广州、西安等十几个大中城市。

公路：柳州公路四通八达，209、322、323 国道贯穿境内，桂林到北海高速公路也途经柳州。每 30 分钟就有一班直达快车开往桂林和南宁。开往柳州周边县市的直达快车和普通汽车也很多。汽车客运总站在文笔路。客运南站在飞鹅路。柳州市出租汽车起步价 3 元。柳州的摩的也很多。

住宿

市内有几家三、四星级酒店，更多的则是一般宾馆，价格适中，每晚标准间在 100 元左右，集中在客运总站和火车站附近。还有一些一般旅馆、旅社等，可到街道小巷里寻找。

饮食

除了广西的各种米粉外，柳州最有名的是螺蛳粉。

柳州市主要摄影旅游景点

① 鱼峰公园

位于柳州市中心，面积 3.37 公顷。园内鱼峰平地崛起，山高 88 米。从山脚沿盘山小径登 392 级石级，便可到达山顶。从山顶往北眺望，江水碧绿，六桥飞架，大厦林立，车水马龙，"壶城"美景尽收眼底。鱼峰山因柳宗元著的《柳州山水近治可游者记》中称"山小而高，其形如立鱼"而得名立鱼峰或石鱼山。

　　鱼峰公园是柳州比较老的公园。传说中的壮族歌仙曾在这里对歌。每到周日，公园里就有很多唱山歌的人，甚至有许多竟是从融安、三江等郊县赶来的歌手，他们在鱼峰山半山腰的一个山洞里对歌。鱼峰山上有个对歌的山洞，洞里有很多关于刘三姐的传说彩塑。这里不收门票，是柳州老百姓休闲娱乐的去处。人们会在这里唱山歌、跳民族舞、打牌、下棋。还经常会有地方戏，撂地演出。

交通

　　可 乘 4、10、16、19、21 路等市内公交车直达，至鱼峰公园站下。如从汽车总站出来，向右走约 150 米，过马路即到。

2 融水

　　融水苗族自治县，位于广西北部，与贵州省毗邻，人口 49 万，有汉族及苗、侗、瑶、水、壮等少数民族。

　　融水有着两千年的历史。这里山清水秀、古迹繁多。明代大地理学家、旅行家徐霞客曾在这里停留 13 天之久。大苗山的民族节日，丰富多彩。全县有各种大小民族节日、集会近百个，较大的有十多个，有"百节之乡"的美称。

　　苗族还是个能歌善舞的民族，每逢节日，各种形状的芦笙林立，各种色调的锦旗飘扬，青年男女穿着漂亮的民族服装，佩戴精致的项链等饰物，吹着悦耳的芦笙，跳起那多姿多彩的芦笙踩堂舞、拉鼓舞、敬酒舞、芒蒿舞、踩脚求爱舞等，令人赏心悦目，流连忘返。这些原始古朴的节目、独特的木楼建筑、手工精巧的服饰、别有风味的民族餐饮、奇异的恋爱婚俗等，构成了一幅绚丽多姿的民族风情画卷。

● 摄影提示

　　主要摄影旅游景点有：元宝山、雨卜苗寨、东兴苗寨、田头苗寨、龙女沟、龙贡峡谷贝江漂流景区、贝江等。

陈天石 摄影

● 交通

　　融水交通十分方便，枝柳铁路穿县而过，公路由县城至柳州 118 公里，至桂林 168 公里，水运可直达柳州、广州。

魏怀宁 摄影

陈天石 摄影

韦星阳 摄影

3 元宝山

为融水第一高山，广西第三山。位于县境中部，坐落在安太、香粉、安陲、白云、红水等乡之间。元宝山矿藏和森林资源丰富，是一座天然的大型动物、植物园和中药圃。

摄影提示

拍摄元宝山有着得天独厚的丰富题材，可以拍摄山水风光、动植物及其他景观，苗寨则是更不可错过的。那里的民族建筑、民族风情以及众多节日活动都将是摄影人陶醉的主题。元宝山一般从东西两坡开始，东坡一般从安陲乡吉曼村登白虎顶，西坡从元宝山村登元宝顶，也可从培秀村登白虎顶，相比而言，培秀线比较好走。接近顶峰的白石坪有村子，白虎顶上有旅游接待站。一般上山要 7～8 小时，山上要注意保暖。小桑苗寨（元宝山脚下）的建筑特色为："房在石上，石在水中"，木楼依溪盘山错落，堪称苗楼一绝，结合苗族生活风情，很值得一拍。雨卜苗寨和东兴苗寨都在元宝山下，属于苗族集中的聚居地，苗族风情浓郁，拍摄很是方便。

交通

柳州到融水的快班车约 20 元／人。县城有直达元宝山的班车，车次不多，要赶早。车子一般开到白竹村，60 多公里，需要近 4 小时。桂林汽车总站也有去融水的班车，票价约 20 元，要走近 4 小时。

食宿

元宝山下的白竹村、元宝村都有旅馆，一般 10 元／人，也可以在村中苗族人家借住，每人费用不超过 10 元。香粉乡是个旅游点，住宿条件较好，每个住宿点都可以提供饮食。

4 贝江

是融水苗族自治县境内最长的河流，发源于九万大山的三防河，汇入珠江流域上游的融江河，全长145公里。蜿蜒于千山万壑之中的贝江，风光神奇秀丽，江水终年清澈碧透，游鱼卵石历历可数，两岸青山翠竹、郁郁葱葱，树影中时隐时现着独特别致的苗寨木楼和穿红戴绿热情好客的苗哥苗妹。

摄影提示

可以拍摄沿河风光，也可以重点拍摄苗寨。拍摄贝江放排一要安排好时间，二要注意拍摄时的安全，尤其是相机的保护。

交通

去贝江可从县城乘车到四荣榄口码头，再从码头包船去贝江，包船约120元，要自己砍价。

食宿

可自由选择，县城以及贝江沿河村镇都可食宿，方便实惠。一般都会有农家旅馆，接待很有地方特色，还可以吃到当地的特色小吃。

韦星阳 摄影

⑤ 三江

　　三江是全国五个侗族自治县中侗族人口最多的县，也是广西唯一的侗族自治县。这里民族风情多姿多彩，传统文化源远流长，人文景观独具一格，民居吊脚楼、风雨桥、鼓楼等名胜风景吸引了大量中外游客。

　　"桂林山水甲天下，侗族风情看三江。"以鼓楼、风雨桥、民居等木质建筑艺术闻名世界的三江侗族自治县，拥有中国最完好、数量最多、分布最集中的侗族建筑群，全县境内共有侗族风雨桥 108 座，鼓楼 195 座，还有大量的侗族民居建筑群；三江侗族自治县的侗族服饰绚丽多姿，色彩斑斓，在全县 13 乡镇和三江流域内，可以充分领略到风格迥异的侗族服饰文化；三江侗族自治县号称"百节之乡"。正月十五斗牛节、三月初三花炮节、八月十五赶坡会、九月初九新禾节以及十一月二十的冬节等富有侗族风情的节日接踵而至，"百家宴"上惊天动地的酒令，从年初行到年尾；三江侗族自治县"侗不离酸"，侗族民间的酸鱼、酸鸭、酸猪肉以及各种酸蔬菜、打油茶等独特的饮食文化，令人魂牵梦萦。此外，侗族大歌、侗琵琶、芦笙舞、多椰文化和萨文化等民间文化，源远流长。

　　三江交通主要有 209 国道南至柳州市、北通湖南通道县，321 国道东达桂林市、西往贵州从江县；县内公路交通网络以县城为中心呈放射状布局，全县 15 个乡镇畅通无阻。另有枝柳铁路干线北往湖南湖北，南通柳州南宁，枝柳铁路横穿县境，境内设火车站 9 个。规划的贵阳至广州高速铁路，成都至厦门高速公路均经过三江境内，具有潜在的交通优势，还有融江水运直达柳州市。

主要摄影旅游景点有：程阳八寨及程阳风雨桥、侗族生态博物馆、三江鼓楼、丹洲景区、马胖景区、良口景区、独峒大塘坳区、孟寨景区等。

6 程阳八寨、程阳风雨桥

程阳八寨，位于广西柳州市三江侗族自治县县城东北部的林溪河畔，距县城19公里，约半小时车程。由马鞍、平坦、平寨、岩寨、东寨、大寨、平铺、吉昌八个侗寨组成，俗称程阳八寨。2007年被评为"中国古景观村落"。

程阳风雨桥是典型的侗族建筑，位于广西壮族自治区三江侗族自治县林溪乡马安村的林溪河上。程阳永济桥又名"程阳风雨桥"，建于1916年，桥长76米，宽3.7米，木石结构，五个石砌的桥墩上铺设有木板。桥上建有遮雨的长廊，长廊两旁设有长凳，供行人避雨和休息。在五个桥墩上又建有五座极具侗族风格的楼亭，亭的屋面均为四层塔式重檐，上施有青瓦白檐。朝脊的一端都做弯月起翘状，好似金凤欲展翅翱翔一般。中亭六角形攒尖顶，如同宝塔，凝重浑厚。侧亭四角攒尖顶，形如宫殿，端庄富丽。楼亭顶上都安置有葫芦宝顶，最西边的是歇山的屋面。楼阁廊檐上绘有许多精美的侗族图案，整个桥面的廊楼建筑造型美观，风韵别致，富有民族风格。

该景区浓缩着侗族文化的精华，美丽的风雨桥群、鼓楼群、木结构吊脚楼群和梯田群、水车群等侗寨风光，原汁原味的民族歌舞表演，典型民居和侗族工匠世家，别具风味的侗族餐饮，侗族独特的习俗等都将给你提供拍不完的题材。山上凉亭是拍全景和拍日出的好地方。

● **交通**

从火车站到县城有一段距离，一般可以坐中巴车到县城，车费 2～3 元。三江县城每 30 分钟就有一趟开往林溪的班车，路过程阳桥，票价 3.5 元。从桂林乘直达班车到龙胜，中午开车，4 小时左右到龙胜，票价 10 元左右。在龙胜乘到三江的班车，约 3 小时路程，票价 10 元左右。三江有去程阳的班车，票价 3 元。

食宿

程阳桥边有一家写着"HOTEL"的木楼旅社，阳台上是喝茶和观程阳桥的好地方，住宿20元／人。像这样的旅馆很多，可以自由选择。也可回县城住宿，一般的旅馆约10元／人。好点的程阳桥宾馆标准间不超过100元。侗族有"侗不离酸"之说，酸鱼、酸猪肉、酸鸭、酸鸟肉、酸黄瓜、酸豆角、糯米饭、糯米酒等是待客的美味，可品尝，但北方人一般吃不惯。旅馆有饮食提供。

门票 10元

L 来宾市 世界"瑶都"
AI BIN SHI SHI JIE "YAO DU"

位居广西中部，故有"桂中"之称，人口250万，有壮、汉、瑶等10多个民族，以壮族人口为主，少数民族人口占74.6%，别称世界"瑶都"。辖一区一市四县，即兴宾区（原来宾县）、合山市、忻城县、武宣县、象州县和金秀瑶族自治县。

来宾市是一个历史文明久远的新兴城市，文化特色鲜明。除了壮、瑶等少数民族文化斑斓多彩外，经专家学者考察证实，来宾是盘古文化的重要发祥地，至今保存有以盘古神话为核心的包括盘古寺庙、地名、节日、歌舞、剧本唱词等在内的原生态的盘古文化。

来宾市旅游资源丰富独特。金秀瑶族自治县大瑶山有500多平方公里的风景名胜，境内的圣堂山集华山之峻峭、衡山之烟云、雁荡山之巧石、峨眉山之清静；金秀县既是国家森林公园，又是国家级自然保护区，境内森林繁茂、林木参天、杜鹃花漫山遍野，被人们誉为"广西的香格里拉"。还有有"华南第一温泉"美称的象州花池温泉，其流量之大，水温之高在华南堪称第一；有被人们誉为"壮乡故宫"的忻城莫氏土司衙署，是全国重点文物保护单位，系亚洲现存规模最大、保存最完好的土司建筑群。还有被称为"广西九寨沟"的武宣百崖槽大峡谷。

🔶 交通

湘桂铁路和南柳高速公路贯穿来宾市南北，红水河由西向东流经境内。距离广西首府南宁市156公里，距广西工业城市柳州市60公里。

🔶 饮食

来宾鲳鱼肉质鲜嫩，味道有点像鲴鱼，营养也很丰富，这种鱼体形侧扁，呈盘形，背较厚，无须，白身、银鳞、黑尾、线鳍，可别认错了。

来宾市主要摄影旅游景点

① 忻州莫氏土司衙署

　　忻城县位于柳州西南100公里处。在忻城县城翠屏山北麓，有一座中国境内保存得最完整的壮族土司建筑物，这就是全国重点文物保护单位——著名的忻城莫氏土司衙署。忻城莫氏土司衙署由土司衙门、祠堂、官邸、大夫第等建筑群组成，总面积38.9万平方米，其中建筑占地面积4万平方米，是全国乃至亚洲现存规模最大，保存最完整的土司建筑之一，被誉为"壮乡故宫"，是研究我国土司典章制度重要的实物例证。

拍摄提示

　　衙署建筑皆砖木结构，具有中原古典宫廷建筑的特点，气势宏大、格调典雅、古色古香。特别是那幽深的殿堂，精致的屋脊翘角、镂空花窗、浮雕图案，更具浓郁的民族特色，有较高的历史文化、艺术和科学价值。其馆藏文物有石器、金器、骨器、铜器、织锦等近千件，其中石铲、金器、瓷器等为稀世珍品。

交通

　　柳州汽车站、南宁琅东客运站都有到忻城的直达快班车。南宁至忻城每天有两趟直达快班车，8:00一趟，14:00一趟。柳州至忻城每间隔一个钟头有一趟快班车，快班车票价16元，需要2小时。另外，普通班车的车次也很多，普通班车票价11元，需要3小时。到了忻城县，乘摩的2元钱就可以到土司衙门。来宾有直达车，也可到合山转车。宜州至忻城有中巴车。

食宿

　　县政府招待所，条件较好，标准间100元。其他一般私家宾馆很多，可以随意选择，单间或标准间40元左右。街头小饭店也很多，吃饭方便。夜晚的街口有很多摊档，大都是各类米粉。

门票　5元

2 圣堂山

大瑶山主峰圣堂山，广西八大名山之一，圣堂山位于广西金秀瑶族自治县西南面45公里处。为泥盆系紫红色砾岩和砂石组成，经自然力的作用和地表水长期侵蚀、切割、风化，崩解为丹峰挺拔、朱崖壁立、棱角刚锐、峡谷幽深的大瑶山丹霞式刚棱削面塔柱地貌。每当清晨山高红日升、谷深云海阔、鸟鸣声声、云涛阵阵之际，置身奇峰浮云、松篁交翠、猿鹤相亲的巨幅画卷之中。在霞光照耀下似美人略施粉黛，透出羞涩令人神往，让人陶醉。前来寻幽览胜的游人，无不赞叹圣堂山峰峦怪石之神奇、诡秘，称道圣堂山真乃"人间仙境"。

摄影提示

5、6月是最好季节，此时不仅容易拍摄到绚丽的日出日落和变幻莫测的云海烟柱，且正是万亩变色杜鹃盛开的季节。圣堂山群峰耸立，登上山顶可见巍巍群山，绿浪奔腾，峰间浮云缥缈，身临其中仿佛到了人间仙境。很值得一拍。

交通

柳州至金秀卧铺车，票价21元，车程4个半小时；金秀至圣堂山有旅游专线车，班次较少，注意问好来回时间，错过了就只能租面包车了，也可以几个人包车，面包车单程200元以下。

食宿

不看日出可以在金秀住宿，20元／人，旺季可以在桐木镇住宿，推荐桐木镇宾馆。要看日出可宿于山顶云海山庄，但吃住都较贵，包房200～880元都有；倘若无法承受山顶宾馆的价格，建议自带帐篷、睡袋和干粮。

门票

50元

H河池市 长寿绝地
HE CHI SHI CHANG SHOU JUE DI

河池市位于广西西北部，大自然对河池如此厚爱，赋予她神奇美丽的一方山水，是一处旅游资源极为丰富、亟待开发的"养在深闺人未识"的旅游宝地。神奇雄美的喀斯特地貌景观、千姿百态的山水景观、妩媚秀丽的高山平湖风姿、丰富多彩的原始森林景观、古色古香的人文景观、独树一帜的长寿资源、浓郁的民族风情，都给河池的旅游增添了无限异彩。据不完全统计，河池已发现的风景名胜区、点共60余处，分布于地区2市9县，是一个旅游资源富饶的少数民族地区，具有极大的开发潜力。

河池主要摄影旅游目的地包括：宜州市下枧河、刘三姐故里、南丹白裤瑶、红水河风光、巴马长寿之乡、盘阳河风光、大化七百弄胜景等。

河池最佳摄影旅游时间：一般来说，全年四季都可前往旅游采风。最佳时间应该是夏秋两季和春节期间。秋天，河池大地一派秋色，无论山野还是田间，都充满了收获的气息；而春节期间，则到处洋溢着少数民族欢乐的氛围，民族节日较为集中。

● 交通

铁路：黔桂铁路穿境而过；还有金红铁路、宜州至罗城铁路。有金城江、罗城、宜州、南丹四个大火车站。

公路：河池是桂西北区域中心，在广西占有十分重要的地位，它不仅是桂、黔、川交通的重要枢纽，还曾是历史上的"兵家喉地"。

● 节庆

铜鼓山歌艺术节：河池一年一度的铜鼓山歌艺术节自1999年举办以来，品位不断提高、影响力不断扩大，在区内外享有良好的声誉，成为广西三大文化节庆之一。

河池市主要摄影旅游景点

1 宜州下枧河及刘三姐故里

传说依山傍水的宜州市下枧村，是壮族歌仙刘三姐的故乡，现已开辟为游览区，以"山奇、水秀、洞幽、石美"著称。特别是壮族歌仙刘三姐故里下枧村至宜州15公里的下枧河水程，以及剑江怀群河一带数公里内，更是两岸奇峰挺拔、秀水漾洄、翠竹婆娑、清流倒映，水光山色极为秀丽，堪称"天下奇观"，令人赞叹不绝，流连忘返。

● 摄影提示

下枧河位于宜州市城北4公里处，各景点都留下歌仙遗迹，比如传歌台、定情树、手巾岩、望妹石等。沿着下枧河，还可以拍摄河两岸的流河寨、莫府山庄、三姐庙、古龙城以及三姐、阿牛、媒婆等的故居。也可乘船拍摄下枧河秀丽风光，途中在刘三姐故居"流河寨"拍摄壮族风情表演，有歌王擂台赛、歌圩、壮族婚俗、扁担舞、拔萝卜等表演.

● 交通

宜州属河池市，从柳州出发的快班车经宜柳高速，1个多小时可抵达。南宁也有很多到宜州的快班车，约3小时。到下枧河可从市内乘车到小龙，票价3～4元，也可步行到龙江码头乘游船，约50元，其中包含了返程的车票。

● 食宿

有很多一般旅馆和小型商务宾馆，性价比很高，价格都在40～50元。

2 南丹白裤瑶

瑶族是我国 56 个民族中一个极富特色的民族，支系比较多，而广西里湖白裤瑶更是一个很奇特的支系，目前仍然处于母系氏族向父系氏族转型时期，至今仍保留着较完整的原始民族风俗。

白裤瑶是瑶族众多支系中的一个分支，因白裤瑶男子常年着白裤而得名，主要分布在南丹县里湖瑶族乡、八圩瑶族乡，人口 3 万左右，被联合国教科文组织认定为民族文化保留最完整的一个民族，被外界称为"人类文明的活化石"。

🔘 摄影提示

里湖瑶族乡乡政府周围有三个行政村：怀里村（粮仓、染布原料粘蒿树较特别）、瑶里村（妇女绣花、染布、画布较多）。岜地村（山高路险比较闭塞，原始风貌保存较多），几个村寨均有乡村公路可通行中巴车，从乡政府步行进村约需一个半小时，三个村的行程都一样，但分布在乡政府周围的不同方位，所以每天只能到一个村寨。

在白裤瑶地区摄影旅游常年均可进行。最佳季节为夏季、或秋末至冬初时节。夏季主要是拍摄夏装。"白裤瑶"的服装较特殊，尤其妇女服饰奇特。

袁星阳 摄影

秋末冬初以拍摄"白裤瑶"的传统生产技艺和生活方式为主。冬闲时节，秋收已结束，除晾晒秋粮外，妇女们成群结队，在冬日下纺纱、织布、染布、画布、绣花，圩（集）日相邀喝酒，在村中赛陀螺，青年男女晚上相约唱情歌结交朋友。某家的老人如在春、夏季逝世，家属则将死者装入棺材后停留家中，至秋冬时节才招呼亲友前来治丧安葬。如遇上葬礼，可拍摄砍牛、打铜鼓、哭丧等宏大场面。另外，里湖瑶族乡每逢 3、6、9 日为圩（集）日，可整天在圩（集）上拍摄。

交通

铁路自京广线、湘桂线转黔桂线，成昆线转黔桂线，都有快车可在南丹火车站下车。南丹火车站所在地（小场镇）距里湖瑶族乡约 20 公里山路，每天 12:00 以前有三趟中巴经过里湖乡，车费 5 元／人。若错过可在站前的铁道旅社住宿一晚，每晚 15～50 元／人，或乘小巴 1 元／人，到县城宾馆住宿。南丹县长途汽车站对面有一停车场，每天也都有经过里湖的小巴开出，早班是 7:00 发车，车票 8 元。从里湖到白裤瑶村寨可以步行，需要一个半小时左右；也可以乘坐当地白裤瑶人的摩托前往，一般收费 5 元。

食宿

南丹县城食宿十分方便。里湖瑶族乡有一家个体旅社（民族旅社）及一家乡政府招待所。乡里有几家小饮食店，一般米粉较多。进入白裤瑶村寨，会由于语言交流困难，而影响饮食。进村寨拍摄时路途较远，需准备干粮、饮用水，特别是要带足饮用水，村寨内饮水困难，无法补充。

3 巴马

巴马瑶族自治县是河池市所辖的一个自治县，位于广西西北部，全县总面积1966平方公里，聚居着瑶、壮、汉等12个民族，总人口26万人。与百色、田阳、田东、平果、大化、东兰、凤山、凌云等市县毗邻。巴马地势西北高，东南低，境内山多地少，素有"八山一水一分田"之称，土地对于当地农民显得万分珍贵。

摄影提示

巴马旅游资源丰富独特，主要摄影旅游景点有赐福湖风光、龙洪田园风光、弄友原始森林、盘阳河风光、百鸟岩、好龙天坑群、大洛水晶宫等自然旅游资源以及长寿探秘、民族风情、革命史教育基地等人文旅游资源。巴马寿乡探秘游已列入广西十大旅游精品之一。

交通

南宁、河池（金城江）、柳州、百色等地都有到巴马的长途客车或中巴车。尤其是南宁、金城江和百色每天都有6到8趟班车。从南宁到巴马需要4个多小时，金城江5个多小时。玉林、贵港等地也在13:00和14:00分别有一趟班车发往巴马。

食宿

巴马县城汽车站前的一条街几乎过半的店铺被开设成了小型宾馆，单间或标准间每天40元左右，有网线。巴盘长寿村里的家庭旅馆有几家，常常爆满，需要预订。饮食有地方特产玉米、芋头等。

4 盘阳河

是巴马的母亲河，长寿河，甲篆村在巴马瑶族自治县西北18公里处，甲篆乡政府驻地，巴马至凤山公路经此，盘阳河从距村址约2公里烈屯漠斋山的百鸟洞奔流而出，河湾断续，秀水漾涧，两岸奇峰峻峦，村屯错落。似锦的田畴上，如画的河谷中，有酷似桂林山水的碧莲叠彩、书童独秀、榕荫古渡和屏风山，还有坡开老虎山、象山、足乐的孔雀山，以及千绮百丽的大水溶洞。

摄影提示

盘阳河从百鸟岩出来后，蜿蜒曲折，穿行于崇山峻岭、田野村寨之间，犹如一条玉带飘逸，流淌在这片神奇的土地。百鸟岩里的地下河水、岩洞里栖息的各种鸟类以及千姿百态的钟乳石，构成了一片魔幻仙境，是拍摄的好去处。沿河风光因四季而异，尤其是秋季，收获的季节，成熟的气息，五彩的斑斓，配上碧绿的河水，令人陶醉。河边村寨的风情与生活也是拍摄的最佳选择，如果运气好的话，夏天来此摄影旅游，你会遇到著名的"盘阳裸浴"。许多村寨里的人无顾忌地在盘阳河里按男女老少分别在一起洗浴，这成了盘阳河上的一道最为亮丽和奇特的景致。

交通

巴马至坡月有旅游专线车，上车2元钱，自动投币，沿途可以随意下车。

食宿

盘阳河以及临河精华景点离县城都不算太远，所以，可以吃住在巴马县城。也可以住在沿河农家或者甲篆乡政府所在地，便于拍摄。

5 巴盘长寿村

　　巴盘屯离巴马 20 余公里，是个壮家小山屯，坐落在盘阳河畔，背靠一座高大雄伟的狮子山，清纯的盘阳河环屯而过。国际上，"世界长寿之乡"的标准是每 10 万人中至少应有 7 位健康的百岁老人，有 24 万人口的广西巴马瑶族自治县却有健康百岁老人 74 位，每 10 万人中拥有 30.8 位百岁老人，是国际上关于"世界长寿之乡"标准的 4.4 倍。其中，甲篆乡平安村巴盘屯，全屯 515 人，百岁老人多达 7 人，是国际上"世界长寿之乡"标准的近 200 倍。在五个被国际自然医学会认定的世界长寿之乡中，中国广西巴马是长寿乡之首。

摄影提示

　　早晚可以拍摄村子周围风光，尤其是盘阳河给长寿村增添了不少灵气和妩媚；四周山景优美，村野乡土气息浓厚，值得细细拍摄。主要可拍摄采访百岁老人，这些百岁老人大都在家，现在成了一方宝贝，专事接待游人。这里昼夜温差大，秋冬季节一定要注意保暖。

交通

　　巴马汽车站至坡月旅游专线车，投币每人 2 元，在巴盘屯下车即到，也可以在县城坐小巴，每人 5 元或乘三轮车前往。

食宿

　　如果想多拍些照片，多深入体验一下，可以在巴盘屯住下来，村里有很多家庭旅馆，吃住在一起，费用不高。

B 百色市 红色桂西
BAI SE SHI HONG SE GUI XI

　　百色，山川秀丽，物产丰富，少数民族风情十分浓郁，是云南、贵州、广西三省区的交通枢纽和商品集散地。百色是旅游资源较为丰富的地区。人文景观有以百色起义纪念馆为代表的全国爱国主义教育示范基地；有以凌云弄福公路为代表的艰苦创业教育基地；有以靖西烈士陵园、十二道门为代表的国防教育基地等。自然景观有以百色澄碧湖为代表的湖光山色；有以靖西通灵大峡谷为代表的天下奇观；有以凌云纳灵洞、德保吉星岩为代表的溶洞奇景；有以平果铝都为代表的现代工业观光基地。

　　百色有壮、汉、瑶、苗、彝、仫佬、回等7个民族，少数民族人口占总人口的87%。全市有壮族三月三山歌节、瑶族盘王节、苗族跳坡节、仫佬族种树节等20多个传统节日、各民族群众穿红戴绿、披金戴银、对山歌、赶歌圩、演壮戏、跳芦笙舞等，充满了浓郁的少数民族风情。

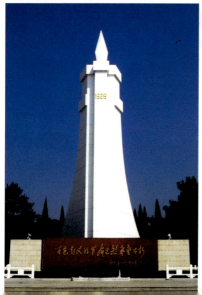

● 交通

　　铁路：百色是南昆铁路上的一个大站，1994年才开通火车。百色火车站有开往南宁、昆明、广州、湛江等地的列车。

　　公路：百色是桂西北的公路运输枢纽，323、324国道横贯百色，其中，百色至南宁为二级公路，至贵州兴义为三级公路。百色汽车总站有发往南宁、北海、桂林、柳州、玉林等地的班车，一般早晚各发一班。

● 饮食

　　在百色，典型的小吃大排档内主要供应炒粉虫、炒田螺、炒煲粥、海带绿豆粥、甜吞（一般指汤圆）、云吞等等，价格在1～3元。在汽车站附近有百色美食城，值得看看，品尝一下。

百色市主要摄影旅游景点

1 百色起义纪念公园

百色起义纪念馆，位于百色市东北郊迎龙山。1999年百色起义70周年前夕建馆，江泽民总书记题写馆名。1929年12月11日，邓小平、张云逸、陈豪人、李明瑞、韦拔群、雷经天等，领导了威震南疆的百色武装起义。百色起义有力地打击了国民党桂系军阀的嚣张气焰，在中国革命史上留下了光辉的一页。

摄影提示

拍摄纪念馆外景，纪念园还有起义纪念碑、红军桥、大门雕塑、百色民族博物馆等，也值得一拍。同时，在纪念园内很多高处，都可以成为拍摄右江、百色市区全景或局部的较好位置。百色起义纪念馆不只是革命史迹的陈列，纪念馆自身就是一道美妙的风景，因其坐落于右江河畔的山冈上，居高临下，百色城区尽收眼底，右江如一条银链蜿蜒而去。

交通

离百色汽车站很近，大约1公里，步行即可到达；从火车站可以乘坐三轮车，几块钱就可以了，打车需要10元。

开放时间　8:00～18:00　　　门票　35元

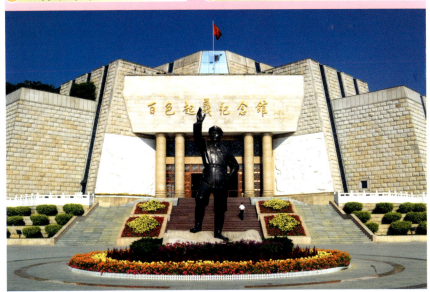

2 粤东会馆

位于百色市解放步行街，整个建筑占地面积 2331 平方米，建筑面积 2661 平方米。由广东商人集资兴建，始建于清康熙五十九年（公元 1720 年），后多次重修，是一座砖木结构的古建筑，具有南方古建筑的艺术传统和风格。可以说，整个建筑就是一件文化教育艺术精品。

1929 年 12 月 11 日，邓小平等同志成功发动百色起义，同时中国工农红军第七军在百色成立。1988 年 1 月 13 日，国务院又把红七军军部旧址列为全国重点文物保护单位。

摄影提示

主要拍摄整体建筑及其细节，体现建筑风格，会馆里的各类雕塑和壁画也不要忽视。各类遗物也是要拍摄的有价值的资料。

交通

可从百色火车站乘摩的先到汽车站，约 3 元；从百色汽车站步行 10 分钟即可到达。

3 那坡黑衣壮（弄力屯）

那坡县位于广西西南边陲，全县居住着壮、汉、苗、瑶、彝、仫佬6个民族，黑衣壮总人口51800多人，占当地壮族总数33%。

壮族是中国少数民族人口最多的民族。自称为"敏"（布壮）的壮族部落就分布在那坡县的崇山峻岭中。由于长期居住在偏僻、贫瘠的大石山区，黑衣壮在婚姻、宗教和生产、生活等方面沿袭着原汁原味的族群习俗，形成并传承着自己的独特文化。崇拜黑色，把黑色作为服装颜色和民族标记，这个"以黑为美"的民族以独特的民风民俗被人类学家誉为壮族的"活化石"。

弄力屯位于那坡县城北部山区，距县城14公里，居住着57户，370人，全屯均为黑衣壮。黑衣壮人心地善良、热情好客、勤劳朴实。他们生性浪漫，生活丰富多彩，男女老少都能歌善舞。

摄影提示

　　拍摄黑衣壮的即将消失的民族生活与风情成了当务之急，也是摄影人的一种责任。如果恰巧你遇到有旅游团队花钱买来的表演，你就可以欣赏到非常地道的黑衣壮歌舞表演了。节日里，当地人打磨、染布、织布、节庆、唱歌、婚嫁等，都会令人大饱眼福，是拍摄黑衣壮不可多得的题材。在黑衣壮村寨里住下来拍摄是个不错的选择。雨后清晨起床，可以看到大片壮观的云海。如果再有赶早的马帮经过，那将是所有旅游者的"美餐"。

交通

　　那坡县距南宁市 320 公里，有二级公路通达。游客可在南宁北大客运中心乘快巴到达，每天 2 班，9∶00 和 17∶00 发车，6 ～ 7 小时可到达。保留远古生态和习俗的黑衣壮村寨离县城较远，有十几公里的山路，由小石头铺成，底盘低的轿车不宜前往，可以在县城租面包车或三轮车，单程每人 5 元。注意司机会故意抬价，要弄明白后讨价还价。

食宿

　　县城有高中低各档次的宾馆、招待所，价格在 30 ～ 100 元不等，最好的宾馆是新落成的"睦边大酒店"（三星及）。弄力屯早已经有了酒吧和旅馆，食宿很方便。还可以到任何一个家庭去居住，可以喝到自酿的玉米酒，不可不喝。

4 靖西旧街、鹅泉

旧州距离靖西县城南 9 公里。以奇山秀水著称，是靖西风光缩影。旧州一带奇峰秀美，山水如画，田园似锦，历史悠久，壮族民俗风情浓郁，素有"壮族活的博物馆"之美誉。旧州景区的文物胜迹甚丰，有明代建的张天宗墓园、岑氏土司古墓群及美名远扬的古朴典雅的绣球街。

鹅泉位于县城西南约 6 公里处，泉口水面宽约 30 亩，深不见底。鹅泉水平如镜，四季不涸，泉中盛产鲤鱼、青竹鱼等十多种鱼。鹅泉是靖西八景之一，已有 700 多年的历史，与云南大理蝴蝶泉、广西桂平西山乳泉并称为中国西南三大名泉。

摄影提示

利用早晚，拍摄旧州的街道、泉水、河流、古塔、小桥、山影、田野以及充满其间的各类小景，这里是具有丰富题材的摄影旅游目的地。最好是在旧州住上 2 天，可以尽情地拍摄我们沉醉的东西。

李济山 摄影

交通

南宁、百色、那坡、大新、德保等地都有直达班车到达。县城到旧州或经过旧州的班车、小巴更是每半个小时就有一趟，票价 4 元。

食宿

县城汽车站对面的一条街是各类宾馆和餐馆比较集中的地方，住宿 40 到 60 元不等，吃饭可以任意选择，除了地方名吃米粉外，也能找到其他的饮食，七块八块可以吃饱。

门票

鹅泉 15 元，旧州 5 元

5 通灵大峡谷

位于靖西县城东南部 32 公里处的湖润镇新灵村，古龙山水源林自然保护区的南端，由念八峡、通灵峡、古劳峡、新灵峡、新桥峡组成，总长 10 多公里。念八河从古龙山脉蜿蜒而下，依次穿越五个峡谷，流入湖润台地。每个峡谷内荟萃了举世罕见的特高瀑布群、洞中瀑布、地下暗河、峡谷溪流、洞穴奇观、古石垒、古悬葬、原始植被等自然景观与人文景观。整个峡谷堪称雄、险、幽、奇、绝、美。

摄影提示

畅游通灵大峡谷的最佳方式是徒步。既可以慢慢地拍摄，又可以静静地品味这峡谷奇景；既可以拍摄峡谷风光、岩溶地貌，又可以拍摄奇花异草、珍奇树木；既可以观瀑取景，又可以领略壮家风情。进洞前最好用塑料袋或毛巾将相机保护好，因为洞内滴水严重，到处流溢，难免损坏相机。根据峡谷光线，8:00 ~ 10:00，16:00 ~ 18:00 是拍摄的最佳时间。

交通

南宁有长途车到达，3 个多小时车程。距离百色市 70 公里，百色汽车站也有班车直达靖西，票价 10 元；靖西到湖润镇有班车，距靖西县城 32 公里。另有崇左、大新到百色和靖西的班车，都可以在景区在公路边竖立的标牌前下车，再按照指示往里走 1.5 公里即到景区大门。千万不要在胡润镇汽车站下车。

食宿

可在靖西县城中住宿，县城里有宾馆、酒店，但绝大多数酒店分布在路边，太嘈杂影响睡眠。有一些小旅馆，就比较安静，住宿条件也还不错。如果当天在通灵大峡谷食宿，景区内有小餐馆和山庄、食堂。在峡谷内拍摄时间不能过晚，16:00 以后就很难等到过路的车。湖润镇上吃住条件都很难如愿。

门票

90 元

6 大石围天坑溶洞群

　　大石围位于乐业县同乐镇刷把村的北边，属红水河南端的干热河谷地带，经国土资源部岩溶地质专家和岩溶洞穴专家实地考察论证，大石围的地下原始森林面积为世界第一，深度约为613米，居世界同类大型岩溶漏斗第二，长约为600米，宽约为420米，其容积为0.8亿立方米，也处于世界第二位，有世界"岩溶胜地"之美称。总之，来到这儿，你将领略到世界"天坑"溶洞博物馆和"国际洞穴探险基地"的雄浑和壮观，"国家地质遗址"和"世界自然遗产"的独特魅力。

摄影提示

　　洞外观光。站在高高的观光台上，眺望堪称世界岩溶之首的喀斯特漏斗，其气势之宏伟，场面之壮观，不言而喻，而站在大石围西峰，眺望山峦起伏、群峰连绵的远景，又让人感受到大自然之神奇。

　　坑底森林观光。步入那独特、神秘的地下原始森林奇景之中，那珍稀的花草，罕见的鸟兽，翠绿的树木，给人一种独特的感受。

　　观赏探险地下河。大石围底部深处有纵横交错的地下河流，有姿态万千，神态各异的洞穴钟乳石，也有鱼、蟹等丰富的地下水族，是世间难得一见的洞中美景。

　　大石围周边观光。大石围所在地白岩脚屯，路边花草芬芳，林木浓翠，绿树成荫，且山岭连绵，群峰争奇，富有诗意，令人流连，让人回味。

　　岩溶洞穴观光。溶洞群中那些千姿百态、绚丽多彩，

玲珑剔透的各种类型的洞穴次生化学沉积物，件件都是巧夺天工的精美艺术品，每个洞都有不同的景观，让你不得不感叹大自然的鬼斧神工。

交通

　　游客可从百色火车站乘摩的先到汽车站，约3元，在百色汽车站有长途汽车可达景区。

　　也可到车站乘去花坪的班车，路过石围天坑景区的大门口，车票5元。

开放时间

8:00 ~ 17:30

门票

90元

C 崇左市 绿色胜境
HONG ZUO SHI LV SE SHENG JING

崇左位于广西壮族自治区的西南部，人口 240 万，居住着壮、汉、瑶、苗、仫佬、水、侗、京、回、满、土家等各族人民，是中国壮族人口最多的地级市。辖江州区、扶绥县、大新县、龙州县、宁明县、天等县，代管凭祥市。

在崇左市这片美丽而神奇的土地上，有 500 多处山水风光、人文古迹、珍稀动物、名贵古树、原始生态等多种类型的旅游资源。其中，有国家级风景名胜区 1 处、国家级自然保护区 1 处、省级自然保护区 4 处、省级文物保护单位 17 处。崇左市的"南国边关风情游"是广西五大旅游线路之一，在这条线路上有崇左归龙塔、崇左石景林和世界珍稀动物白头叶猴保护区——弄官生态公园；左江花山壁画群；世界第二大、亚洲第一的大新德天跨国瀑布、明仕田园风光；凭祥友谊关；扶绥恐龙化石群等。此外，还有古老神秘的边关历史文化景观：中法战争遗址、大小连城、大清国万人坟、红八军纪念馆以及边境异国风情。

🟡 摄影提示

到崇左摄影旅游全年都可，这里夏无酷暑，冬无严寒，平均气温 19℃，是避暑胜地，素有"小昆明"之称，非常适宜于辗转摄影旅游，四季景色虽无大的变化，但也各有特点。

🟡 交通

公路：南宁至友谊关高速公路和 322 国道贯穿全境，县（市）与县（市）之间均通二级公路，从 5 县 1 市到崇左市区的距离驱车均在 1 小时左右，从崇左市到南宁市也仅用 1 小时车程，崇左到防城港的高等级出海公路也仅 180 多公里，崇左至友谊关高速公路与越南 1 号公路相接。

铁路：南宁至友谊关国际铁路横穿扶绥、大新、天等、宁明、龙州、江州、凭祥县（市、区），在凭祥市友谊关与越南铁路相连，人、货可直通越南首都河内，与东盟各国连为一体。

水路：境内有左江黄金水道可通航广州、香港。

美食

鸡肉粉、烧鸭粉、鸡杂粉、卷筒粉、桂林米粉、生榨米粉、酸辣面、老友粉等。

崇左市主要摄影旅游景点

① 德天瀑布

　　距中越边境 53 号碑约 50 米，距离大新县城 66 公里，离自治区首府南宁市约 208 公里。瀑布水终年不枯，瀑布四周古树参天，花草掩映。德天瀑布景区经几年的建设，形成了集食、住、行、游、购、娱为一体的旅游设施，大批游客慕名而来，已成为旅游胜地。

○ 摄影提示

　　德天瀑布雄奇瑰丽，变幻多姿，碧水长流，永不涸歇。瀑布四季景色不同，春天凌草泛青，山花吐艳，瀑布四周被镶起五彩缤纷的花边；秋天梯田铺金，层林尽染，高挂的银帘雾气冲天；冬天琼珠闪闪，玉液潺潺，山风把细流吹得飘飘洒洒；夏天激流如龙，排山倒海，似万马奔腾而来。其他题材如瀑布上游的 53 号界碑、叠瀑、水荡以及越南边民与中国边民交易的场景。

　　每年的 7 ～ 11 月是游览德天瀑布的最佳时期，此间由于进入降雨季节故水量大且水质清，是欣赏瀑布万马奔腾般咆哮的最好时节。12 月到次年 5 月为枯水期，这期间瀑布水量小，瀑布周边的土石裸露的较多，观赏效果将大打折扣。

🔵 交通

1. 乘火车。可在广西南宁火车站下车，出站后站前方500多米处长途汽车站，每半小时就有发往大新县的客运班车。

2. 乘飞机。南宁机场距南宁市区约28公里，下飞机后可乘车至站前长途汽车站，换乘发往大新县的客运班车。

3. 南宁市区距德天243公里，公共汽车约行驶4小时，途经龙安县抵达大新县，汽车票价在30～40元／人。

4. 到大新县后，可乘大新县至硕龙至德天中巴车，行车距离65公里左右，约需1小时，包车费约在150元。如果从南宁乘车前往德天往

返，包中巴车费150元／人，以10～13人为宜，可自行选择乘车方式。

自驾车：从南宁出发，沿324国道（福昆线）西行至坛洛转左往大新方向走，至硕龙镇，再前行10余公里即到，沿途风光明媚，路边还有醒目的旅游指示牌指路。

🔵 食宿

德天景区内有各种档次的宾馆随意选择，价格从几十元到几百元的都有。吃饭的饭馆更有很多，丰俭由己。也可以住到10多公里外的硕龙镇上，食宿非常方便。

🔵 门票　80元

2 明仕田园

位于距县城西南约53公里处,为国家一级景点,德天景区旗下的一处景观。风景区河段长约8公里,目前已开发的河段2.2公里。在已开发的河段,游客可以乘坐竹排,顺流而下,饱览两岸迷人景色。这里,你会看到典型的喀斯特峰林地貌景观,看到凤尾萧萧、龙吟嘀嘀的碧江竹影,看到古风淳厚的壮族村落,看到威武的将军山,灵秀的通天洞,奇特的万乳崖,还有那天然生成的崖壁画。总之,明仕山水田园风光有着完全与德天瀑布不同的另外一种清丽脱俗、朴素自然和静雅丰腴的美。

摄影提示

明仕田园是一处摄影不可多得的胜地,田园、壮寨、溪流、竹筏、山峰、竹林、夕阳、晨曦皆可入镜。明仕山庄边的山峰上与明仕河边的山上都是拍摄俯瞰田园景色的绝佳位置。最好住下,盘桓数日,定有不俗的收获。

交通

南宁、崇左、大新到德天、靖西或返程班车大都经过明仕田园,到此下车即可,也可从硕龙等候过路车前往。

🔆 **食宿**

　　明仕田园山庄食宿方便，饭菜丰盛，可以接待南北各方的摄影采风的旅游者。

3 友谊关

凭祥自古就是桂西南的边防要地，友谊关则是中越边境上最大、最重要的关防。它位于凭祥市区西南 18 公里处，两边高山矗立，形势险峻，卡在峡谷通道上。它是一座城楼式建筑，楼高 22 米，底层是厚实的城墙，中央为圆拱顶的城门，非常雄伟。镶在拱门上的"友谊关"三个大字，是陈毅元帅亲笔题写的。

摄影提示

这里的拍摄内容有建筑、古城墙、树木、炮台及其他战争遗迹；天气好的话，在金鸡山可以用望远镜头拍摄到越南的谅山市区。

交通

凭祥至友谊关，没有固定的班车，需包车前往，行车时间约 40 分钟，往返需 40 ~ 60 元。也可乘坐 2 路到浦寨的班车中途下车再打的或摩的到友谊关。

食宿

凭祥汽车站周围小型宾馆和旅馆很多，住宿方便，价格单间 40 至 50 元，有网线和电脑。还有国内长途电话免费随意打。离浦寨中越互市区很近的友谊关周围食宿很不方便，可以吃住在浦寨，各种口味的饭菜一应俱全。

门票　25 元

F 防城港市 多彩边关
ANG CHENG GANG SHI DUO CAI BIAN GUAN

防城港位于广西壮族自治区南部沿海，是广西第二大侨乡。下辖港口区、防城区、上思县和东兴市。

防城港市拥有边、山、海丰富的旅游资源，京、瑶、壮民族风情独特浓郁，旅游条件得天独厚。十万大山横亘市区中部，峰嶂嶙峋，群峰连绵，雄奇险秀。十万大山国家森林公园是西江水系的源头之一，亚热带原始森林保存完好。公园内溪流交汇，飞流叠瀑，古木参天，无山不绿，无石不奇，无水不飞泉。江山半岛、企沙半岛、京族三岛亚热带滨海风光旖旎多姿，民族风情淳朴浓郁。江山半岛是省级旅游度假区，大平坡白浪滩宽阔平坦，号称中国第一大滩，潭蓬唐代古运河是中国唯一的海上运河，南珠之乡——珍珠港始于汉至今仍出产享誉海内外的南珠，石角红树林面积达16000亩，是中国最大最连片的红树林自然生态保护区，京族三岛是我国京族唯一聚居地，集碧海、金滩、绿岛、京族风情于一身，是省级风景名胜区。竹山景区是中国大陆海岸线的最南端、陆路边界线的起点，大清国一号界碑所在处，还是北仑河国家级海洋生态保护区。辖区东兴市与越南芒街市隔河相望，距世界自然遗产"海上桂林"下龙湾仅180公里，越南浓郁的异国风情，绚丽多彩的自然风光，为防城港市开展中越边境跨国旅游提供了无比优越的条件。

● 摄影旅游最佳时间

一年四季都适合旅游。"上山下海"是防城港旅游的最大特色，因此，每年的5～10月是到防城港摄影旅游的最佳时间。

交通

航空：防城港没有机场，但交通便利，走南（宁）至防（城港）高速公路从防城港到南宁吴圩机场只需 2 小时；走桂（林）至（北）海高速公路到北海福成机场也不到 2 小时。

铁路：防城港铁路只开通防城港至南宁一趟往返列车，通过南防线连通黎钦线、湘桂线、南昆线等，通往全国各地。要到防城港，必须先到南宁，南宁至防城港 8521 次列车，12:53 发车，16:40 左右到达防城港；防城港至南宁 8522 次列车，8:17 发车，12:06 左右到南宁。车票 13 元，车程 4 小时左右。

公路：防城港汽车站有开往南宁、钦州、北海、广州、湛江、深圳等地的班车。开往东兴、上思的巴士每 20 分钟一趟，票价约 6 元；到南宁的巴士 7:00～22:30，每半小时一班，单程 3 小时，票价约 40 元；到广州、深圳的巴士 8:30 发车，每天 3 班。到大平坡、月亮湾有中巴车，车次很多。大平坡有三轮车到怪石滩，要 5 元／人，也可乘去白龙的中巴车，中途下车，步行前往。从怪石滩返回公路，可截去白龙的中巴车，很快就到了。

饮食

海鲜很有特点，受近邻越南菜的影响，许多菜式都颇具东南亚风味，在市中心的兴港大道、靠近港口的鱼港路等地都有许多餐厅和小吃摊铺，有名的菜有鸡屎藤粑、葵花扣鲜鱿、珍珠串、白切光坡鸡、水鱼炖翅等。

果文川　摄影

防城港市主要摄影旅游景点

1 京族三岛

东兴京族三岛是指万尾、巫头、山心三岛，总面积20.8平方公里，总人口1.3万。是我国京族的聚集地。

京族原为"越人"，历史上称为"京人"，1995年正式定名为"京族"。京族是越南的大民族，京族三岛的京族系15世纪末16世纪初从越南涂山迁徙来的，至今约500年历史。京族三岛是民族风光旅游点，万尾13公里长的金滩和巫头的原始森林、万鹤山是旅游胜地。京族的服饰朴素美观，独具风格。京族的主要节日有唱哈节，每到节日，男女老少穿着盛装，云集哈亭，弹起独弦琴，跳起竹竿舞等，举行"唱哈"活动，祈保生产丰收，人畜兴旺。

摄影提示

金滩、京族人家、村庄、服装、舞蹈、高跷捕鱼、养虾、渔港、海边风情、古树、老街、寺庙、山林、京族乐器独弦琴、北仑河口红树林以及岛上的其他历史遗迹，都是我们摄影采风的好题材。一般情况下，早晚是拍摄的大好时机。京族拉大网是独具京族风韵的民事活动，但时间要事先了解确定。唱哈节在三个村寨中的时间也是不一样的，也需要提前了解清楚，以免错过。

交通

　　京族三岛离东兴城区很近，东兴至金滩（京族三岛）的小巴班车每十分钟就有一趟，车票 4 元。如果从防城港或江平镇上岛，只需乘坐防城港、江平镇至东兴的班车在京族三岛路口下车即可。路口可以坐东兴过来的班车，1 至 2 元可以到三岛的任何地方，也有摩托可以搭乘，一般会收费 3 ～ 5 元。

饮食

　　稻米已成为京族最为常见的主食了。日常菜肴以鱼虾为主，常用鱼虾做成鱼汁，作为每餐不离的调味品。鱼汁，又称"鲇汁"。是京族民间传统调味品，以各种小鱼经腌渍而成。

2 金滩

　　位于万尾岛西面连至巫头岛西南面，面积约有25平方公里，因沙色金黄而得此名。全长13公里，沙质细软金黄，滩平浪静，是优良的海滨浴场。

摄影提示

　　夏季来这里的游客，可以欣赏京族渔家的唱哈、跳竹竿舞、弹独弦琴、拉大网、放虾灯等娱乐活动。

交通

　　在防城港汽车站乘坐到东兴的巴士到东兴市，再乘东兴到万尾的班车到万尾金滩，15分钟即可到达。

食宿

　　吃住在景区很方便，也可以住在东兴市里，解放路附近有许多便宜的旅社，价格都在100元以下。金滩附近的大排档有很好吃的海鲜粥和京族炒米粉，随处有海蜇汤卖，有些游客第一次喝这种海蜇汤可能不太习惯，一定要慢慢品味才能体会个中妙处。

3 北仑河口

　　北仑河口风景区是国家级风景名胜区，位于东兴市竹山村中越界河北仑河的出海口。是中国大陆海岸线的起点，以历史名胜、红树林自然风景为主的风景区。竹山的大清国钦州界一号界碑系清光绪十六年二月（公元1890年4月）所立。

北仑河口还是广西沿边公路的零公里起点。北仑河口的千里海堤、观音庙、三圣宫、哨所等也是近在咫尺、比较集中的景点。

北仑河口红树林位于北仑河口海洋自然保护区内，常见的有海桑、红树、木榄、海漆等十多种，品种比较齐全，连片面积 1081 公顷，是中国大陆沿岸最大连片的红树林之一。

摄影提示

这里的红树林是全国连片最大的，很是壮观。从竹山一号界碑上海堤，沿堤可以尽情拍摄。红树林里一般会有当地人居住、放鸭、捕鱼，并管理红树林，可以对他们进行拍摄采访。对岸便是越南，200 毫米的镜头就可以清晰地拍到对岸。进入红树林请注意脚下石头上青苔十分光滑，小心为妙。竹山村里文物古迹遍布，比较集中，相对距离较近，步行就可以拍摄。

交通

竹山村距东兴市 8 公里。从东兴东防一级公路到竹山，20 分钟即可到达。也可坐从江平镇和防城港过来的班车在竹山路口下车，再转车或坐摩托十多分钟即到。回东兴的班车最晚一班 20：00。

4 东兴口岸、越南芒街

东兴口岸位于广西防城港市东兴市区，其对应口岸是越南芒街口岸，是 1958 年建立的国家一类口岸，是我国边境线上的重要口岸之一。

主要景点有大清国五号界碑、胡志明亭、口岸联检区、中越友谊大桥、越南免税店等。

中越友谊大桥，是连接中越两国人民友谊的纽带，记载着中越两国的历史沧桑。1900 年，越南为法国的殖民地，法国人在北仑河修建起一座桥，1958 年，我国在北仑河修建起水泥桥，1979 年 2 月，由于众所周知的原因，大桥被炸断，中越关系正常化后，北仑河大桥再次修建，并于 1994 年 4 月 17 日恢复通车，这也是我们现在看到的大桥。大桥全长 111 米，桥中间有一条斑马线，是中越大桥管理线，"跨一步而出国"在这里成为现实。

芒街，是架起中越友谊的桥梁城市，与中国广西边境城市——东兴市隔河相望。北仑河上来往穿梭的船只、宽阔笔直的中越友谊桥、顺畅而繁忙的芒街——东兴口岸和欧陆风情的芒街民宅，构成了中越边境城市的独特风景。这里的边贸生意非常活跃，往返交通十分便利，每天都有大量中国游客涌入芒街，或经过芒街去越南的其他城市。

摄影提示

在此地拍摄，一定要遵守边界法规。东兴口岸景点较为集中，徒步拍摄最佳。口岸西侧有高楼，可与人沟通后，俯瞰口岸及友谊大桥，乃至芒市街景和歌隆河、芒市市区大桥以及界河两岸风情风光。到芒市拍摄，更要注意民族禁忌。前往越南，尽量与旅行社合作。

交通

中国游客可从南宁或北海乘快巴或的士，3小时即可抵达东兴。东兴一天有多班班车均可到达口岸，非常方便。中越边境通行证的办理方便快捷，仅凭身份证办证2小时便可获得，持有通行证多次往返芒街至东兴两地口岸，如同穿行在大街小巷一样方便自如。

Q 钦州市 沿海金三角
IN ZHOU SHI YAN HAI JIN SAN JIAO

　　钦州市位于广西沿海金三角地带，依水临海，山川美丽，风光迷人，地理位置优越，是一座现代化的滨海旅游城市。主要景点有：海不扬波，阳光明媚的三娘湾；有南国蓬莱之称的海上风景名胜区七十二泾，世界上最大的孙中山铜像就矗立于此；还有海上仙山麻兰岛、山峦叠翠的六峰山、古迹众多的大芦村古宅以及爱国名将刘永福、冯子材故居等。

摄影提示

　　钦州属南亚热带海洋性季风气候区，热量充足、雨量丰沛，年均气温 22℃，一年四季皆可旅游。值得一提的是，每年 10 月至 11 月会有大量的白海豚游弋在钦州的三娘湾，是喜好猎奇的摄影旅游者不可错过的时机。

交通

　　已建成的铁路有南宁—钦州、黎塘—钦州 、钦州—北海、钦州—防城港、钦州—钦州港等五条铁路和高速公路在钦州交会。

食宿

　　钦州属桂东南菜系，兼具海滨饮食风格与少数民族风味于一体，有钦州大蚝、蚝油柚皮鸡、蚝油香麻鸡、清蒸豆腐圆、炒螺肉、炒蟹等；钦州的小吃很有特色，例如：猪脚粉、老鸭汤、狗肉粉、螺蛳粉、酸野等都是必吃的美食。

　　主要宾馆有：金湾大酒店、钦州宾馆、交通宾馆、银湾大酒店，白海豚国际酒楼等。其他一般宾馆更是数不胜数，摄影旅游者可根据自己的情况入住。

节庆

　　每年 10 月国庆节期间，"国际海豚旅游节"主要在风光旖旎的三娘湾景区进行，这里聚集了大量珍稀的中华白海豚，旅游节期间开展出海觅海豚、海豚奇观抢拍。

钦州市主要摄影旅游景点

① 七十二泾

　　位于钦州港经济开发区西北部，钦州著名的茅尾海内。100 多个大小不一的岛屿参差错落地散布在纵横 10 公里的钦州湾海面上，使这一片海域形成无数循环往复、曲折多变的水道，这些水道，被称为"泾"，"七十二泾"，是形容其多，

实际上何止七十二条！泾如玉带，岛像明珠，故得"龙泾环珠"之美名。乘船在泾内游览，感觉非常奇妙：道是疑无路，忽又豁然通，每入一泾，展现在眼前的便是一幅幅令人陶醉的不同画面，俨然人间仙境。

摄影提示

俯拍更有气势。从高空俯览，星罗棋布的小岛宛如一颗颗碧绿璀璨的玛瑙散布在一个蔚蓝的大玉盘中。而人在船上坐，舟在泾中走，如走迷宫一般，好一个"山重水复疑无路，柳暗花明又一泾"。景区景点有仙岛公园、亚公山、鳄鱼石、麻兰岛、六墩岛等。

交通

从钦州市区乘车到钦州港码头，到客运站对面的物资大厦停车场乘小巴到钦州港，每15分钟一趟，票价4元，需40分钟车程（打车要30元左右）；到钦州港乘游船游览七十二泾。返回钦州市的客车15分钟一辆，比较方便。

食宿

"钦州麻鸭"值得品尝。住宿可回到钦州市内或者在港口一带。

门票

乘游船观光30元／人，300元／船，游览2小时，三四个景点，可根据需要增减景点；一般都不收门票，有个别岛上的公园收门票，不超过5元。

B 北海市 风情万种

北海是我国历史上最早的对外通商口岸之一，也是海上丝绸之路的起点之一。北海市的旅游资源十分丰富，海洋旅游资源综合优势更为突出。海水、海滩、海岛、海鲜、海洋珍品、海上森林、海底珊瑚、海洋文化、海滩海洋运动、海上航线，构成了一个"十全十美"的海洋旅游体系。1984年以来旅游业发展迅速，1988年被列为中国重点旅游城市，现已成为中国南方重要的滨海旅游城市。

耿旭 摄影

摄影提示

　　每年的 4 ~ 11 月是北海旅游的最好时间，这期间阳光充足，海水温暖，海风微拂，清爽宜人。在海边拍摄一定要注意安全，由于海边光线强烈，最好给镜头装上偏光镜。

　　另一摄影题材对摄影人很有诱惑力，那就是渔民，富有诗意的水上居民。他们以前大多居住在小舟上，以舟楫为家，舟小如疍，故称疍民。

交通

　　飞机：北海有十几条航线可以到达北京、上海、长沙、武汉、广州、成都、杭州、海口等国内大中城市，北海机场到市区约有半个小时的路程。

　　火车：北海只有到南宁和成都的两个车次。142 次车，北海—成都；908 次车，北海—南宁。

　　客船：北海的海上航线有北海—海口、北海—涠洲岛。

　　汽车：北海有 4 个汽车站，开往南宁、钦州、防城港的直达快班车很多，也有开往广州的直达快班车和卧铺汽车。开往周边县、镇的车也很多，非常方便。

食宿

　　小旅馆大都集中在海角路。银滩外面有很多别墅改成的旅馆，是看海最好的地方。非常适合自驾车的摄影旅游者，标准间约 100 元，随季节会有涨跌。各类海鲜食府、海畔滩头的大排档都是享受北海美食的好去处。

北海市主要摄影旅游景点

1 银滩

　　北海银滩位于北海市东南面，离市中心 10 余公里，陆地面积达 22 平方公里。1992 年北海银滩被列为国家旅游度假区并被选为中国"王牌景点"，被誉为"天下第一滩"。银滩风景区绵延 24 公里的海滩以"滩长平、沙白细、水温静、浪柔软"而闻名遐迩。

摄影提示

　　大海、白云、渔船、日出、夕阳、椰树、海岛……北海的景点众多，处处皆可入画，是国内众多摄影爱好者的重点采风基地。在北海摄影最基本的要点是，10:00 前、16:00 后是比较理想的拍摄时间。三观亭位于银滩的中部，该亭具有独特的地理位置，周围茂密的松林使它更显雄姿。站在三观亭上观日出、观沧海、观林海，都是绝好的去处。

交通

　　距离市中心北部湾广场 6 公里，市区可乘坐 3 路公交车到达；在北部湾广场市中心打车到银滩 15 ～ 20元，可以讲价；乘摩的要 8 元。

2 骑楼老街

骑楼老街——珠海路是一条有 100 多年历史的老街，始建于 1883 年，长 1.44 公里，宽 9 米，沿街全是中西合璧骑楼式建筑。

这些建筑大多为二至三层，主要受 19 世纪末英、法、德等国在北海市建造的领事馆等西方卷柱式建筑的影响，临街两边墙面的窗顶多为卷拱结构，卷拱外沿及窗柱顶端都有雕饰线，线条流畅、工艺精美。临街墙面部不同式样的装饰和浮雕，形成了南北两组空中雕塑长廊。这些建筑临街的骑楼部分，既是道路向两侧的扩展，又是铺面向外部的延伸，人们行走在骑楼下，骑楼既可遮风挡雨，又可遮避烈日；骑楼的方形柱子粗大厚重，颇有古罗马建筑的风格。

● 摄影提示

主要拍摄独具特色的骑楼建筑和现在老街居民的生活状态等。

● 交通

在北海市内乘坐三轮车 3 至 5 元钱即可到达，从北海长途汽车站步行 20 分钟也可以到达。

3 涠洲岛、斜阳岛

北海市拥有广西最大的海岛——涠洲岛。涠洲岛位于北海半岛东南面 36 海里处，由南至北长 6.5 公里，由东至西宽 6 公里，最高海拔 79 米，是我国最大最年轻的火山岛。岛上住有 2000 多户人家，85% 以上都是客家人，涠洲岛资源丰富，风光秀丽，景色迷人，四季如春，气候温暖湿润，富含负氧离子的空气清新宜人，是具备世界旅游界向往的"3S"（海 Sea、阳光 Sun、沙滩 Sand）的旅游资源十分丰富的岛屿，故素有"大蓬莱"之称。

斜阳岛亦由火山喷发堆积形成，状似一朵盛开的莲花，从岛的沿岸峭壁上往海水里看，海中的鲨鱼及贝类、珊瑚等清晰可见。岛上冬暖夏凉，保留着大片原始森林，是寻幽探险的乐园。

摄影提示

除了涠洲岛上的天主教堂、火山遗迹、海边风光等景点外，盛塘村的村民中90% 都信天主教，家家都挂有圣母马利亚的像。火山岩砌成的低矮的村屋掩映在芭蕉林及菠萝树中，悠闲的村民躺在吊床上，阳光透过树隙照射在吊床上，别有一番风情。斜阳岛上自然环境一流，民风淳朴。可以拍摄的有渔村风情、火山岩、东码头等。

交通

地角路的"海运码头"每天 8:00 有到涠洲岛的班船，快艇 9:40 到，72 元；慢船 10:40 到，40 元。到岛上后有专线车直达，每人收费 10 至 20 元。如果错过了 15:30 返回北海的游船，可以到码头寻找开往北海的货船，通常它们在 20:00 至半夜开船，可自行同船主谈好价格，4 小时即可到达北海。在国际港码头每天 8:30 有两班船开往涠洲岛，慢船（站票 30 元，坐票 35 元，卧票 40 元）3 小时到达，15:00 返回；快船 52 元，70 分钟到达，16:30 返回，票可以提前一天买，散客可以买到快船票。岛上有班车往返于盛塘村和码头，码头上有三轮摩托可坐，环岛 20 元／辆。岛上游览门票 20 元，可游玩所有景点。去斜阳岛可在涠洲岛乘渔民的小船，60 元／人，价格可以商议。

食宿

涠洲岛的住宿非常方便，吃饭则是海鲜居多。

门票

90 元（滴水丹屏、火山口公园、天主教堂、三婆庙通票），学生、教师、军官 50 元（优惠）

Y 玉林市 南国园林
YU LIN SHI NAN GUO YUAN LIN

位于广西东南部，古称郁林州，玉林城区州郡史2000多年，玉林是广西东南部一座千年古城；玉林旅游资源丰富，被誉为"天然南国园林"，是"中国优秀旅游城市"，有都峤山、大容山国家森林公园、

真武阁、勾漏洞、云天文化城等120多处名胜古迹。旖旎的南国山水风光，奇特的古今建筑。玉林地处北回归线以南，属典型的亚热带季风气候，平均气温21℃，旅游资源丰富，类型多样，有"岭南美玉，胜景如林"之称。以名胜古迹、侨乡风情、宗教文化、商贸旅游为特色。

● 摄影提示

摄影旅游的最佳时间是一年四季。玉林市地处北回归线以南，属典型的亚热带季风气候。

● 交通

铁路：承接京广线的黎湛铁路贯穿境内。

公路：324国道横穿玉州区、兴业县、容县、北流市。玉林市区大小汽车站有6个。

● 食宿

玉林牛巴：色似咖啡，油亮，香味浓郁，咸甜适口，韧而不坚，越嚼越有味。为下酒佳肴，馈赠亲朋挚友的佳品。住宿十分方便，丰俭由己。较好的宾馆有玉林宾馆、振林宾馆、玉柴宾馆等。

玉林市主要摄影旅游景点

1 都峤山

又名南山，桂东南名山之一，以典型的丹霞地貌著称，距容县县城7公里，是全国道书所称三十六洞天的第二十洞天，是集宗教、文化、风光于一体的名山。

都峤山旅游资源的开发还只限于其西区，是近年新开发的一个融自然景观与宗教文化为一体的旅游观光区。目前已建有暗河佛源漂流、登山观光缆车、五百罗汉堂、庆寿岩禅寺、猴山和观猴长廊、金佛大字世界之最、南山阁、福寿桥、莲池、九曲桥、植物园等景观。东区和中区，包括香炉峰、丹灶峰、仙人峰、兜子峰、中峰等地，山势更为雄奇，这一带的风光除具有西区的某些特点外，更以险、幽取胜。

摄影提示

在都峤山采风，有着丰富的摄影资源，丹霞地貌、崖壁寺庙、赵朴初题字、植物园景、五百罗汉、长廊观猴、众多洞窟、重峦叠嶂、水光山色等，都是摄影的绝佳题材。在季节上，春、夏、秋三个季节更好。由于庆寿崖景区处于东、南两侧山坡，下午的光线会很早照射过去，所以拍照一般在 8:00 至 16:00。

交通

容县供销大厦门口坐2路车直达都峤山公园景点大门，或包车前往（大约50元，淡季还可以再低些）。

食宿

拍摄一天即可完成，食宿最好在容县县城。县城汽车站周边食宿很方便，旅馆、饭店也较集中，并靠近热闹的商业街道。

门票

40元，学生半价

2 真武阁与经略台

　　屹立于容县城东绣江之滨的真武阁，相传建于唐代乾元至大历年间（公元758～779年），因诗人元结任容管经略使时所建而得名，台上原有建筑早废，现在我们所见到的三层纯木结构真武阁，是创建于明万历元年（公元1573年）的原物，至今已有400多年的历史。真武阁轻盈秀美，玲珑剔透，"隆栋蜚梁，斗窗云槛"，"摘星辰于尺五"，"纵目以四方"，"为一邑之具瞻"。

　　古真武阁与经略台是文化公园中最珍贵的古建筑，属全国重点文物保护单位。经略台是唐乾元二年（公元759年）著名诗人元结任容州都督府容管经略使时，为了操练兵士和观赏周围风光所建，台上原有建筑早废。到明代万历元年（公元1573年），为奉祀真武大帝以镇火灾，在经略台上建起了三层楼阁，即真武阁。

摄影提示

　　主要从建筑角度拍摄，真武阁无论是从建筑整体，还是局部细节，都值得拍摄和研究。

交通

　　容县县城内有很多三轮摩托，2～3元即可到达。

3 杨贵妃故里

位于距容县县城 5 公里的杨外村，这一带山清水秀，风光如画。目前村里有杨贵妃庙遗址、贵妃井，县城东还有杨贵妃梳妆台遗址。贵妃园建于原杨贵妃梳妆楼（相传为杨玉环的养父容州都督杨康为之建造，存至民国年间）遗址（真武阁文化公园内），是根据唐代杨贵妃传奇故事而建造的。

摄影提示

到杨贵妃故里一定要有向导，村里老乡即可，他们可以给你指点任何一处遗迹和景点。容县是亚热带季风气候，年平均气温 21℃，四季都适合摄影旅游。但到杨贵妃故里最好还是在六七月份荔枝成熟的季节，或在秋天柚子成熟的季节前往，在拍摄的同时也可以品尝特色。

交通

坐公交车到十里街下车再包三轮车前往杨贵妃故里。可以直接在县城包三轮车前往，车费大约 20 元。

食宿

除了广西的各类米粉外，容县的下烟鸡不可不尝。下烟鸡产于石寨乡下烟村，十分美味，远近闻名。

容县汽车站周边旅馆集中，各种档次都有，30 元即可住上单间。有的房间可以上网。

4 谢鲁山庄

　　谢鲁山庄是自治区级风景名胜区，位于陆川县西南24公里的乌石镇谢鲁村。始建于1921年，历时7年建成，占地400亩，庄内亭台楼阁，回廊曲径，依山构筑。所有房屋建筑均为砖墙瓦顶，保持着浓郁的乡风民俗。山庄的建筑布局依照苏杭园林特色，依山而建，层叠而上，造型幽雅别致。谢鲁山庄是我国保存最为完好的四大名庄之一。

摄影提示

　　拍摄的题材有古树建筑、亭台楼阁、奇花异草、山庄风光等。

交通

　　有去谢鲁山庄的运美专线，或者在陆川县城乘坐到乌石的班车，车费2元，8分钟一班，到达后坐5元的摩托就到了。陆川也有班车经过乌石和谢鲁村。

食宿

　　可以食宿在乌石镇，也可以食宿在陆川县城。

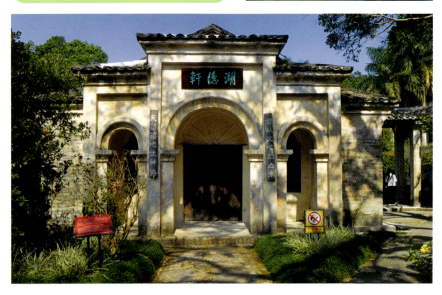

G 贵港市 地质公园
UI GANG SHI DI ZHI GONG YUAN

　　贵港市是一座具有 2000 多年历史的古郡，又是一个充满生机的新兴内河港口城市。贵港自然人文景观独特、历史文化底蕴丰厚、民族风情浓郁，是广西重要的旅游胜地、桂东宗教历史文化旅游中心，有 4 个国家级旅游景区。主要旅游景区景点有：太平天国起义遗址、桂平西山风景区、龙潭国家森林公园、千年古刹南山寺、平天山森林公园等。桂平金田是 1851 年洪秀全发动中国近代历史规模最大、时间最长的太平天国农民起义策源地，有金田营盘、三界庙、风门坳等多个遗址，杨秀清、石达开、韦昌辉、萧朝贵、秦日纲等著名将领是贵港籍人。桂平西山是国家级风景名胜区、著名的佛教圣地，古称"南天第一秀山"，素以"林秀、石奇、泉甘、茶香、佛灵"而著称，有李公祠、龙华寺、洗石庵、观音岩古庙等。曾任中国佛教协会常务理事的释宽能法师，1989 年以 95 岁高龄在西山圆寂，火化后留下三颗比丘尼舍利子，是世界上第一个比丘尼舍利子。桂平西山每年都举办观音三诞节和浴佛节，在国内及港、澳、台地区影响很大，吸引大量中外游客。龙潭国家森林公园被誉为广西的"西双版纳"；大藤峡有"小三峡"美称。

● 摄影提示

　　每年 3 月中旬至 10 月底为贵港地区的旅游旺季，这个时候到西山烧香的人特别多，酒店通常要预订。这里的气候适中，全年都比较适合旅游，如果不是特别的原因，最好避开旅游高峰。

🔵 交通

交通十分便利，黎湛铁路、209 和 324 国道、南（宁）梧（州）高级公路、西江航道交会贯通全境，拥有华南地区最大的内河港口。南宁至贵港直达快班车，约 2 小时车程，票价 40 元左右。铁路方面，柳州、南宁、百色、河池、湛江、茂名方向都有直达贵港的列车。贵港市内有 10 条公交线路，公交站点遍布市内各地。

🔵 食宿

贵港市和桂平市城区内大大小小的饭店很多，也有高档的旅游涉外酒店，特别是以旅游业为支柱产业的桂平市，酒店的密集程度高于贵港。贵港的饮食以桂系风味为主，兼有壮族、瑶族等少数民族的特色小吃，具有鲜明的地域特点。桂平浔江鱼就是贵港最具代表性的佳肴。炒田螺、螺蛳粉、烤鱼、绿豆沙、桂林米粉、海鲜粥香气四溢，罗秀米粉具有悠久的历史。

贵港市主要摄影旅游景点

① 桂平西山

　　桂平市是广西历史最悠久的城市，距今已有2200多年的历史。广西的简称"桂"就是源自于桂平（注：古桂林郡所在地并不是如今的桂林，而是今桂平市一带）。2005年桂平被世界华人组织评为中国200个最具魅力城市之一。2009年8月，桂平被授予"国家地质公园"资格。

　　桂平西山风景名胜区，位于广西壮族自治区东南部桂平县境内，以城郊1公里处的西山名胜为主体，包括太平天国金田起义遗址，太平山动植物自然保护区，紫荆山壮村瑶寨风情，天南福地洞天罗丛岩及白石洞天、麻洞荔枝之乡和浔州古城风光，北回归线标志等景观景点组成的集锦式大型风景名胜区。总面积约2000平方公里。

摄影提示

桂平西山景观众多，拍摄题材丰富多彩，是摄影旅游的宝地。这里的各个景点相距不远，以桂平市为中心都可以早去晚归。最好是住下来慢慢拍摄，不错过任何一个值得拍摄的景观。

交通

桂平市交通比较方便，城区到金田 28 公里，到玉林 130 公里，至桂林、北海、广州、东莞、深圳、中山、珠海、湛江的汽车皆可朝发夕至，市境内各乡镇圩集皆有公路相通。

食宿

桂平街头宾馆旅店和饭馆遍布大街小巷，食宿极其方便，10 元钱可以吃饱吃好，最低住宿消费 40 元左右即可住上单间，并且有网线和免费拨打长途电话。西山脚下即可解决食宿。

门票

30 元

2　北回归线标志公园

位于桂平市城东约 5 公里南梧二级公路旁，因公园建在北回归线上而得名，广西第一座北回归线标志塔就建在该公园内。

摄影提示

夏至日正午，阳光直射其上，竖竿无影。窥阳孔下睹骄阳，可真正领会到地球斜着身子在黄道十二宫之间转动，太阳直射在南北回归线之间摆动的大自然奥秘。该标志还有一个奇特的现象，当人们站在回归线上说话，声音特别洪亮，有明显的回音现象，强音范围约 3 米，以北回归线点为中心，沿东一西弦线分别向外延伸，洪亮贯耳的声音逐渐减弱，极为有趣。

交通

西山景区至北回归线标志公园有旅游专线车往返，车费 2 元。

开放时间

8:00 ~ 18:00

门票

10 元

W梧州市 桂东商埠
U ZHOU SHI GUI DONG SHANG BU

　　梧州是一座美丽的具有两千多年历史的古城，山清水秀，风光旖旎。国家级、自治区级文物保护单位多达 16 处，主要景点有：中国骑楼博物城，宋明清建筑文物龙母太庙，全国最早建成的中山纪念堂，被苏东坡赞誉为"鸳鸯秀水世无双"的鸳鸯江，自治区级风景名胜区白云山公园，佛教庙宇西竺园，世界上最大的黑叶猴珍稀动物繁殖中心，世界上最大的活蛇储养场梧州蛇园，清光绪二十三年（公元 1897 年）梧州府被辟为通商口岸时始建的英国领事署旧址，全国三大足球训练基地之一梧州体育训练基地，国家级森林公园飞龙湖旅游度假区和太平狮山，国家级文物保护单位李济深故居，蒙山太平天国封王建制遗址等。

● 摄影提示

　　梧州属典型的亚热带湿润季风气候，温暖潮湿，年均温度为 21℃，年降雨量为 1500 毫米，无霜期为 350 天，四季温差不大，环境相当舒适宜人。最佳旅游时间是春秋时节。

交通

梧州是广西的东大门，由铁路辐射到的城市达100多个。梧州的公路发达，有3条国道、4条高速公路以及2条国家级高速公路。梧州机场在长洲岛东侧，可起降波音737客机，开通有前往南宁、广州、深圳的航班。

食宿

纸包鸡制作工艺独特，名扬海内外。有"桂东南第一味"美誉的龙虎凤烩、甜酸爽脆的"神仙钵"、田螺鸡煲、艇仔粥，冰泉滴珠豆浆和龟苓膏更是举世无双。蛇宴更是值得一尝。住宿适合中低档消费。

梧州市主要摄影旅游景点

1 骑楼城

中国骑楼博物城，位于广西梧州市河东老城区，22条原汁原味骑楼长街上，共有560座中外经典设计的骑楼。1897年，梧州被辟为对外通商口岸后，逐渐发展成为珠江流域著名的商埠，骑楼建筑开始在梧州兴起。到1924年年底，梧州发生特大火灾，当局决定"拆城筑路，挖山填塘"，将梧州的千年古城墙和城门全部拆除，扩大城区面积，用城砖筑地下水渠、铺砌街道马路，街市规格参照广州。赞成者均自动照办，不愿意的就派兵强制执行。梧州的河东区逐渐成为骑楼城。

在这里，有体现水都风韵的清水墙，西式风格的铁栏观景阳台；西化痕迹较浓的罗马柱、圆拱形窗。梧州骑楼最大的特色是水门和铁环。梧州是西江、浔江和桂江三江汇合处，广西784条河、80%以上的水流经梧州，由此产生了独具特色的西江水文化。沿街骑楼二楼普遍设有水门，那是为备洪水上街的时候，楼上方便居民出入用的，可以在水门放下竹篮向沿街巡游的售货小艇购买生活必需品；临街砖柱上镶嵌铁环高低各一只，为洪水时拴泊船艇系缆绳用的。过去，洪水上街时，市民并不惊慌。水到门口，垫几块砖，继续做生意、打牌、搓麻将。水到二楼时，市民将船系在铁环上，也是从容不迫地经水门上下船进出。连绵成片的骑楼，是梧州昔日辉煌繁荣的标志。

摄影提示

　　现存骑楼街道 22 条，骑楼街主要分布在大东上路、大东下路、阜民路、大同路、中山路、竹安路、五坊路、沙街、九坊路、南环路、大中路、民主路、建设路、大南路、小南路、四坊路、桂林路、桂北路、北环路等街道上。

交通

　　市内多路公共汽车可以到达，票价 1.2 元；也可以乘坐三轮车前往，2 ～ 3 元即可。

2 龙母庙

梧州龙母庙位于广西梧州市城北桂江东岸，桂林路北端，始建于北宋初年，明万历、清康熙、雍正年间曾重修，是一座广西少有保存至今的，具有宋代建筑风格的文物古迹，有很高的历史、旅游价值。龙母庙依山面水，原由山门、前殿、后殿、左右厢房、角亭组成。从1987年龙母庙重光以来，经过不断修缮，既保持了古建筑的风格和特色，又增添了牌坊、行宫、龟池、观音亭、赐福亭、放生亭、龙母素食馆等主要建筑。2005年以后又扩建了牌坊、前殿、龙母宝殿、龙母寝宫、钟楼、鼓楼、塔楼、厢房、连廊以及中国最高的38米龙母圣像。

● 摄影提示

平时拍摄建筑以及遗迹等，节日主要拍摄民俗活动以及节日盛况、各种信众等。

● 交通

21、28、29路公交车都经过龙母庙，或下车后步行几分钟即到。也可以乘坐三轮车前往。

● 开放时间

7:30 ~ 17:30，
初一、十五 6:30 ~ 17:30

● 门票

30元

③ 鸳鸯江

　　梧州三江（桂江、浔江、西江）汇合处，桂江的清水与西江的浊流同时流动，一浊一清、一急一缓，泾渭分明，俗称鸳鸯江。鸳鸯江景色秀美，放眼望去，只见西江浩渺，水流滔滔；桂江碧绿，波光粼粼。两水交汇处，恰似戏水鸳鸯，相互依偎，相互拥抱，长相厮守，难舍难分。桂江春泛的得名一是桂江出涝，洪水来时，上下船皆难；二是春暖花开季节，在鸳鸯江上扁舟一叶，其乐何极。"鸳江春泛"被列为梧州八景之首。凡到梧州的游客游览了这一景色无不赞叹称奇。

🔸 摄影提示

　　在这里可以拍摄长河落日或日出，都将是在梧州不可错过的景致。站在江边游廊上，可以以江水为前景，自由构图，拍摄很多周围不俗的景观。

🔸 交通

　　鸳江春泛上有一条连接河东、河西的鸳江桥（也称彩虹桥），你可以选择2、3、7、10等路公交车在河西东桥头的鸳江春泛观赏鸳江秀水。

H 贺州市 生态花园
HE ZHOU SHI SHENG TAI HUA YUAN

　　贺州是一座正在崛起的新兴旅游城市，有着"粤港澳后花园"的美誉。美丽的姑婆山和大桂山两座国家级森林公园在贺州城外遥相呼应，神奇的碧水岩、紫云洞争相媲美，还有奇特的贺州石林、天然的贺州温泉、迷人的钟山、荷塘十里画廊等自然生态景观，构成了贺州市著名的生态旅游品牌。贺街古镇、古塔、屹立江中、景色秀丽的贺州市浮山、石城和客家围屋等，吸引着国内外游客前来观光旅游。

　　贺州市瑶族风情万种，尤其是在瑶族大家庭中的一个瑶族支系——土瑶风情更是独特迷人。令人神往的瑶族风情有瑶家迎亲，拜堂，耍歌堂，上刀山，土瑶长桌酒、饮酒歌、舂糍粑等，每年农历十一月广大瑶胞载歌载舞，庆丰年，过盘王节。

● 摄影提示

　　摄影旅游最佳季节是在春、夏、秋三个季节。贺州地区拍摄题材极其丰富，古村镇、自然风光、少数民族风情、民间艺术等等，应有尽有，比比皆是。摄影采风可以随意选择。

交通

贺州市地处桂东，为桂湘粤三省区交会地区区域性中心城市、交通枢纽，207、323国道，65、78国道洛阳至湛江铁路跨越全境。公路以贺州市为中心，有贺州至梧州，贺州至桂林、柳州、南宁，贺州至广州，贺州至湖南永州四大主干线。

食宿

以粤菜为主，川菜、湘菜、鲁菜等中国国内名菜亦兼容杂陈。芳林马蹄、鹅塘青梅、八步红瓜子、信都龙眼、沙田柚等都是当地一些小吃，著名美食有信都三黄鸡、黄田扣肉、黄田牛红（一般在早上供应）、姑婆山米酒等。

贺州市有四星级酒店1家，三星级酒店11家，二星级酒店7家，还有一大批宾馆、酒店、旅馆，分布在市区、县城、景区及交通道路沿线。

贺州市主要摄影旅游景点

1 贺街

是过去的贺州县城，旧名临贺。街道沿贺江两岸而建，是过去桂东地区的水运中心。这里自古就是个商品集散地，后来随着陆路运输的兴起，贺街逐渐衰败了，县城也迁至距此约 30 公里的八步镇。

摄影提示

现街上所留下的老屋都是清末民国时的骑楼。老街约 2 公里长，保存最好的是中段。街上还有建于清道光二年（公元 1822 年）的粤东会馆、魁星楼和很多保存完好的房子。贺街还包括老县城，还保留有石板街、古塔、古城墙、孔庙遗址、桂花井、城隍庙等。古镇的另一大亮点是宗祠非常多，比如莫氏、谢氏、黄氏、梅氏、岑氏等，每一宗祠都有各自的特点，各自记载着自己家族的历史，辉煌的宗祠见证了家族的灿烂。

交通

贺州汽车东站(八步镇)到贺街有循环开出的中巴车，票价 3 元。

食宿

贺街住宿较差，可回八步住宿，八步的金鼎饭店、政府招待所、贺江旅社条件都不错。贺州人喜欢喝粥，街上的粥档很多。傍晚汽车站旁有几家夜市大排档风味不错。

2 黄姚古镇

位于广西桂林的漓江下游，距桂林约 100 公里。它始建于宋开宝年间（公元 972 年），距今已有 1000 多年。古镇总面积为 3.6 平方公里，为典型的喀斯特景观。

明末清初时黄姚已是广东、广西、湖南三省区交界处的商业重镇。古镇内 300 多间明清宅院，青砖黛瓦，飞檐画栋，岭南风格极其浓郁。古街按九宫八卦阵势布局，一条主街延伸出八条弯弯曲曲的街巷，宛如一座迷宫，大街小巷均用青石板铺砌而成，像一条起舞的青龙。

黄姚古镇素有"梦境家园"之称。镇内有"五多"，山水岩洞多、亭台楼阁多、寺观庙祠多、祠堂多、古树多、楹联匾额多。有山必有水，有水必有桥，有桥必有亭，有亭必有联，有联必有匾，构成古镇独特的风景。街道全部用黑色石板镶嵌而成，镇内建筑按九宫八卦阵势布局。房屋多为两层的砖瓦结构，建筑工艺精美。

　　古镇中有几处主要景点，如带龙桥、且坐吃茶、村口等。古镇旁边沿河而行一直到文明阁，一路田园，风光不错。在古镇紧挨着的那座山上，可以看到黄姚镇的全景，当地的孩子都是义务的向导，可跟他们去爬山。

交通

从桂林到黄姚的班车在桂林汽车总站乘坐，每天 9:00 和 13:30，只有两班车。黄姚镇的汽车客运站巩桥汽车站在镇政府驻地巩桥，黄姚古镇至巩桥汽车站约 4.5 公里，巩桥到贺州（八步）的班车最早班是 6:30，每天有多趟车到贺州（八步）；黄姚到钟山每天有 3 班车：8:30，11:30，15:00。也可在黄姚古镇的景区门口等待去往贺州的客车，6:30 在古镇景区门口可以乘坐，再到贺州客运总站乘坐回程客车即可，黄姚—贺州（八步）票价 17 元。贺州西站（汽车客运站）去往黄姚的客车，票价 17 元。

食宿

古镇内外有多家旅社、客栈。建议在古镇内入住。黄姚豆腐是当地的一大特色菜，市场还有草鱼和鲤鱼。黄姚豆豉很有名，可作调味。黄姚人很热情好客，从菜园鸡、红薯、稀饭、米粉、糍粑到正餐，从早餐、中餐到晚餐，如有心试试农家饭的话，最好带一点小礼品赠给他们（或者买些水果）。

门票

68 元

3 秀水状元村

富川秀水瑶族"状元村",位于广西富川县朝东镇境内,距县城30公里。秀水村地理位置优越,交通便捷,不仅自然风光美,而且人杰地灵,人才辈出,据查证,自唐、宋、元、明、清以来,在县志记载的133名富川历代科举进士名录中仅秀水状元村就占了27名,其中就有宋天禧元年(公元1017年)乙丑状元——毛自知,因而,又有"状元村"之美称。自我国恢复高考制度以来,该村考取全国各重点名牌及普通院校的大中专生人数就有120多人。

交通

贺州有中巴直接到富川,票价5元。从富川坐到朝东的班车,下车后坐三轮车过去,往返10元。桂林每天都有开往富川与贺州的班车,到秀水村下车即可,票价20元左右,也有贺州开往恭城的班车,都可中途下车,直接到秀水村口。

食宿

富川的旅社不多,但价格比黄姚和贺州镇都贵,一般双人间40～60元/间。朝东的旅社只有几家,大多

较破旧。秀水村口有个秀峰饭店可提供食宿，价格可商议。

4 浮山

　　风景名胜区位于贺街镇临、贺两江交汇处。相传浮山建寺至今，不管遇多大的山洪，从未被水淹过，浮山始终浮在水面之上。浮山四面悬崖峭壁，层石嵯峨，螺纹盘旋，像个石印，故又名玉印山。山顶有陈侯祠，始建于北宋年间，1983年重修，飞檐垂斗，壁画高列。

摄影提示

　　从山下拾级而上，但见满山古树葱茏，怪石嶙峋。山门右边有浪沧亭，有1937年李济深手书石刻"浮山"二字以及历代书法家作品。门两旁有一副以青石精镌的篆书对联："访逸老芳迹钓台犹在，作中流砥柱玉印常浮"。左边有环碧亭，结构玲珑，绿树掩映，飞檐画栋，工艺精巧。登亭凭栏西望，临、贺二水蜿蜒而来，与浮山配合，有"二龙抢珠"之称。每当春秋时节的清晨和傍晚，江面常常泛起一层薄雾；俨如轻纱将小山托起，称"玉印晓岚"。

交通

　　从贺州汽车站坐去贺街的车，约1小时，2.5元，在贺街坐船到浮山，来回约2小时，但要等时间，包船比较贵，100元／次。

N 南宁市 中国绿城
AN NING SHI ZHONG GUO LV CHENG

位于广西的中心，坐落在四面环山的小盆地中，总人口693万人。下辖兴宁、青秀、西乡塘、江南、良庆、邕宁六区以及武鸣、横县、宾阳、上林、隆安、马山六县。

广西壮族自治区首府南宁是一座历史悠久的边陲城市，这里在古代属于百越之地，唐贞观年间太宗将这里命名为"邕州"，因而南宁的简称就是"邕"。这里世代聚居着壮、汉、苗、瑶、侗、仫佬族，有着多姿多彩的民族文化风情。

绿城南宁的旅游资源十分丰富，这里山、河、湖、溪与绿树鲜花交相辉映，南亚热带自然风光与现代园林城市的风貌融为一体，以南宁为中心的桂南旅游区是广西三大旅游区之一。

南宁十大景观有扬美古风、青山塔影、明山锦绣、望仙怀古、伊岭神宫、南湖情韵、龙虎猴趣、邕江春泛、凤江绿野、九龙戏珠；另有大小公园、游园、风景区、广场等供人们游玩的自然景观和人文景观50多处；国家级文物保护单位1处（顶蛳山贝丘遗址），自治区级文物保护单位16处，市、县级文物保护单位116处。

南宁市素来被形容为"半城绿树半城楼"，是一个非常适合居住的城市，曾获"2000年联合国（迪拜）改善居住环境良好范例奖"、"首届中国人居环境奖"和"全国生态环境建设十佳城市"、"全国文明城市"等称号。享有"中国绿城"美誉的南宁市绿荫如盖、繁花似锦，能给各方来宾提供一个优美舒适的生活环境。

薛涛 摄影

摄影提示

优越的气候条件使得这里终年常绿，四季花开，所以南宁一年四季皆宜旅游。南宁的夏季炎热潮湿，尤其是七八月份，平均最高温度达到38℃，且降雨量大，此时在南宁游览一定要备好太阳镜、遮阳帽和相应的雨具等。另外，每年10月末11月初，南宁会举办旅游节、民歌节等大型旅游活动。

薛涛 摄影

交通

空中走廊已开通飞往北京、上海、广州、香港等国内各大城市及越南河内、泰国曼谷的20多条国内、国际及地区航线；铁路运输通过全国最先进的电气化铁路南昆线及湘桂线与京广线等干线相通可直达全国各地，其中湘桂线终点线和越南接轨；公路运输纵横交错，通达广西各地、县、市和全国的公路共161条，其中桂林经南宁直通北海的桂海高速公路已建成575公里，是目前全国最长的省内高速公路。

2003年10月8日，温家宝总理在印度尼西亚巴厘岛第七次东盟与中国"10＋1"领导人会议上建议，从2004年起，每年11月在中国广西南宁举办中国—东盟博览会。由中国商务部和东盟国家经贸主管部门共同主办，广西壮族自治区人民政府承办的中国—东盟博览会（简称"南博会"），自2004年起，每年11月在广西南宁市举办。

南宁国际民歌艺术节

南宁最有影响力、规模最大、场面最为隆重的节庆首推南宁国际民歌艺术节（每年10月底～11月上旬）。

食宿

老友面（粉）、八仙粉、干捞粉、卷筒粉、八宝饭、粥、柠檬鸭、酸品等。住宿更是方便，各类宾馆应有尽有，随意选择。

节庆

中国—东盟博览会永久举办地。

南宁市主要摄影旅游景点

1 青秀山

原名青山，又称泰青峰，位于南宁市东南面约5公里。峰峦起伏，雄奇秀拔，林木青翠，古榕参天；有岩有洞，岩幽壁峭，有石有泉，出泉甘冽。面临邕江，后倚群峰，气势雄伟，风景绝佳，素以山不高而秀，水不深而清著称。

摄影提示

青秀山景观很多，有古迹、遗址、树木、花草、建筑、湖水等等，摄影时可以因人而异，自由选择。

交通

市内可乘坐10、33、601路，城环一线、城环二线公共汽车到青秀山大门站下，转青秀山内线车。

食宿

青秀山一天可以游完拍完，直接回市内食宿即可。

开放时间

8:00～17:00

门票

15元

2 大明山

位于广西壮族自治区武鸣县东北部，距南宁104公里，横跨上林县、马山县、宾阳县、武鸣县，平均海拔1200米，主峰龙头山在山体中部之武鸣与上林两县交界处，海拔1760.4米，相对海拔1563米，是广西中部最高的山峰。被列为国家级自然保护区，还被我国"人与生物圈"国家委员会纳入国际性保护网。大明山自然保护区总面积约65000公顷，北回归线正好穿过大明山中部，大明山是全国最大最高的北回归线标志园。

摄影提示

大明山的特色山花有灯笼花、杜鹃花、红花荷，其中分布面积最大的为杜鹃花，最集中的为灯笼花和红花荷。在大明山上有三大春季景观：灯笼花苑、红花荷廊、杜鹃花谷，上山公路上分布的有红花荷廊和灯笼花苑。每年1～2月是红花荷开放时节，2月初～3月中旬是灯笼花开放时节，3月中旬～5月初是杜鹃花开放时节。

大明山阴冷潮湿，需预备厚实衣服，穿防滑鞋，戴包头帽子。路滑，驾车的朋友们要小心驾驶。

交通

从南宁乘快班车1个多小时可以到山下。

住宿

山上有旅游宾馆。

G广西少数民族传统节日大全

GUANG XI SHAO SHU MIN ZU CHUAN TONG JIE RI DA QUAN

盘王节

盘王节是流行于广西、云南、湖南、广东等地瑶族群众纪念先祖的盛大传统节日，现在每年农历十月十六举行，一般三天三夜，也有长达七天七夜，可以独家独户，也可联户或同宗共同进行。

坡会

坡会是苗族人民的传统节日，每年正月十六和八月十六各举行一次，最著名的地点在融水苗族自治县香粉乡古龙坡。届时，方圆数十里的男女青年穿着节日盛装，吹着芦笙，齐聚古龙坡，坡上人山人海、披红挂绿，除了烧香鸣炮，还举行舞龙、耍狮、芦笙踩堂、斗马、斗鸟、赛马等文体活动。

三月三

农历三月初三，是广西壮族群众一年一度的民歌盛会，百色、河池、柳州、南宁四个壮族聚居的地区，歌节活动丰富多彩。这天，家家户户都准备丰盛的节日食品，青年男女穿着节日盛装，带上五色糯米饭、彩蛋等食品，女青年还带着精心缝制的绣球，从四面八方涌向歌圩（一般为广场坡地）尽情对唱。

跳公节

跳公节，也称"跳弓节"，是广西那坡、云南富宁一带彝族最大的节日，据说是为了纪念古时凯旋的勇士；流传至今已有上千年的历史。各村屯过节的具体时间相差不多，都在农历四月上旬，内容有祭祀天地、神、祖先，宣讲本民族历史，跳舞唱歌、表演娱乐等。

跳坡

跳坡是苗族人民进行娱乐活动的节日；盛行于广西、云南、贵州的苗族地区。每年春节期间，苗家的男女老少都要穿上节日盛装，兴高采烈地云集到附近的"坡场"上共度佳节。坡场从早到晚欢声沸腾、笑语喧天，跳芦笙舞、唱歌、吹苗笛、斗鸡、斗鸟等活动丰富多彩，而最精彩、最吸引人的爬坡杆是节日的中心内容。

依饭节

依饭节是仫佬族人民特有的盛大节日，一般三年举行一次，逢卯、未、亥（也有在丑、辰、未、戌）之年，于立冬后择吉日举行。如今的依饭节已成为仫佬族群众欢庆丰收、歌唱改革开放给仫佬山乡带来新变化的盛会。

祝著节

祝著节（亦称达努节）是大化、东兰、马巴等地布努瑶的传统节日，一般三至五年举行一次，时间在农历五月二十九。节日当天，各乡镇瑶族群众自发聚在一起，穿上鲜艳的民族服饰，敲起铜鼓，吹起唢呐，以打陀螺、铜鼓舞、歌会、斗鸟、射弩等多项民间文化活动隆重庆祝，鼓声、歌声、喝彩声交织在一起，场面十分热闹。

唱哈节

唱哈节为京族最隆重的传统节日，是京族群众为了表达对海神和祖先的敬仰之情，在固定的活动场所——哈亭以"唱哈"（在京族语中是唱歌的意思）的形式拜神祭祖。京族三岛各村庆祝节日的时间不尽相同，有的在农历六月初十，有的在八月初十，有的则在正月二十五，但都分迎神、祭神、唱哈、送神四个过程。节日前一天，各村把本村信奉的海神和祖先迎入哈亭，节日当天 1500 开始祭神祭祖，由一老者念祭文，颂其功德，祈求保佑，随后，人们一边入席饮宴，一边听请来的歌手唱哈，通宵达旦，连续三天三夜。

吃新节

吃新节是广西仫佬族和部分苗族、瑶族、壮族喜庆丰收的传统节日，有的在每年农历六月早稻抽穗将近成熟时，也有的在晚稻黄熟时，按各地群众的习惯选择一天来过节。

冬节

冬节，又称仙年，一般在农历十一月初一，是广西、贵州、湖南的侗族群众喜庆丰收、祈求来年幸福的节日。节日当天，全寨男女老少都换上新衣，请上十里八乡的亲友，举家共庆。

端节

　　端节，水族群众又称借端、过端、吃端，是水族最大的节日，与汉族的春节一样隆重。广西境内大多数水族群众都过这个节日。按水族的习惯，水族历法每年十二月至新年二月（农历八至十月），逢亥、午或未日，都可选为过端节的日子，一般是各村寨轮流过端，四乡八寨的亲友及同屯的群众到各家去吃新年饭、喝新年酒，而且必须每家都象征性地吃到。

分龙节

　　分龙节又叫庙节，是毛南族一年一度盛大的传统节日。在农历五月间，过节的日期有两个，以毛南山乡的铁坳为界，南部的上南乡和中部的中南诸村，取亥日过节，北部的下南乡取辰（龙）日过节。过节这天，男女老少都身穿节日盛装，欢庆自己的佳节。

花炮节

　　花炮节是流行于广西三江、龙胜、融水和湖南通道等地侗、壮、苗、仫佬等少数民族的传统节日，各地节期不一，有正月初三，也有五月十五、二月初二等。以三江侗族自治县富禄花炮节最为热闹，主要活动是抢花炮。

苗年

　　苗年是广西、贵州、湖南、云南等苗族地区的传统节日，广西融水苗族习惯以农历十一月十五至十二月十五为过年期，一般从西北部的大年、拱洞等乡开始，沿东南方向各乡轮流举行。融水四荣乡是年节活动最热闹的地方，吸引着附近各乡及远在贵州榕江、从江一带的苗族群众来观赏，或亲自参加大型芦笙赛、摔跤、斗马、斗牛、斗鸟等丰富多彩的活动，年轻人往往还利用这个机会寻找自己的终身伴侣，苗寨里洋溢着浓重的节日气氛。

牛魂节

　　每年农历六月初六，乐业、隆林等地的壮族农民都要隆重庆祝牛魂节，罗城仫佬族和融水、资源等地苗族则叫"牛生日节"，时间提前到四月初八，但过节形式大同小异。节日这天，无论地里农活多忙，都要让牛休息一天，家家户户杀鸡宰鸭，蒸五色糯米饭或糯米糍粑庆祝节日。

责任编辑：张　　锋
作　　者：周一渤
责任印制：冯冬青

图书在版编目（CIP）数据

广西摄影旅游指南：汉英对照 / 周一渤著．-- 北
京：中国旅游出版社，2012.1

ISBN 978-7-5032-4271-7

Ⅰ．①广… Ⅱ．①周… Ⅲ．①旅游指南－广西－汉、
英 Ⅳ．① K928.967

中国版本图书馆 CIP 数据核字（2011）第 196219 号

书名：**广西摄影旅游指南**
作者：周一渤
出版发行：中国旅游出版社
地址：北京建国门内大街甲九号
邮政编码：100005
网址：http://www.cttp.net.cn
E-mail：Fengzh6688@sina.com
设计制作：北京澜梧宇文化传播中心
印刷：北京顺诚彩色印刷有限公司
版次：2012 年 1 月第 1 版
印次：2012 年 1 月第 1 次印刷
开本：889 毫米 ×1194 毫米　　1/32
印张：4.5
印数：1 － 5000 册
ISBN：978-7-5032-4271-7

定价：39.00 元